_ Le 10 octobre 1999 _

Naître
à ta
lumière

Marguerite,

Lumière sur ton chemin,

Marc Girard
o.c.s.o.

Yves Girard

Naître
à ta
lumière

Une seule voie :

TA LIBERTÉ

ÉDITION
  Éditions Anne Sigier
  1073, boul. René-Lévesque Ouest
  Sillery (Québec) G1S 4R5

PHOTO DE COUVERTURE
  Superstock / Koji Kitagawa

DÉPÔT LÉGAL
  Bibliothèque nationale du Québec
  Bibliothèque nationale du Canada
  1er trimestre 1999

ISBN
  2-89129-320-7

Distribution en France et en Belgique par Anne Sigier – France.
Distribution en Suisse par les Éditions Saint-Augustin.

Site Web : www.annesigier.qc.ca

Les Éditions Anne Sigier reconnaissent l'aide financière du gouvernement du Canada
par l'entremise du programme d'aide au développement de l'industrie de l'édition.
Les Éditions Anne Sigier remercient également le Conseil des Arts du Canada et la
Société de développement des entreprises culturelles du Québec (SODEC).

Au seuil de ta demeure

Un océan t'interpelle et t'attend
Marie-toi aux méandres
Coule-toi comme l'onde

Prête attention, éveille-toi
Tout s'amène en ta demeure
L'aurore et l'enfant
Le neuf et le printemps

Ne va pas t'en surprendre
Quelque part en ton centre
Repose l'immobile innocence

En tes espaces de solitude
La limpidité d'un regard t'a précédé
Et s'amuse à dessiner la beauté des traits
Dont il a rêvé pour toi

La naïveté sollicite une audience
Ouvre ces pages
Reçois l'empreinte de son visage

Repos

Gloire et gloire

Quelle gloire convoites-tu ?

Il y a la gloire qui se manifeste, et il y a la gloire qui choisit de vivre dans l'ombre, à l'image de celle du diamant.

Il y a la gloire dont la densité t'aveugle, et il y a la gloire qui réjouit ton regard.

Il y a la gloire qui en impose, et il y a la gloire qui invite à la communion.

Il y a la gloire qui éblouit, et il y a la gloire qui t'enveloppe en elle.

Il y a la gloire qui rayonne, et il y a la gloire qui te recueille au-dedans.

Il y a la gloire qui émane à partir du centre, et il y a la gloire qui ramène tout au cœur.

Il y a la gloire qui fait exulter, et il y a la gloire qui te courbe doucement dans un mouvement d'adoration.

Il y a la gloire qui te transfigure, et il y a la gloire qui, infiniment discrète, te cache son visage.

Il y a la gloire qui te béatifie, et il y a la gloire qui te rassasie.

Il y a la gloire qui couronne ta tête, et il y a la gloire qui est ennemie de la surcharge et de l'encombrement.

Il y a la gloire de l'assomption glorieuse, et il y a la gloire qui n'est pas une revanche de l'humiliation subie, mais un enfoncement plus marqué dans la profondeur du silence éternel de l'amour

Avoir accès à l'infini, c'est entrer dans le dépouillement et le simple.

Vivre, c'est devenir limpide au point d'échapper à toute atteinte et à tout regard.

La dévorante invasion

Inexplicable phénomène : ton intérieur est gagné avant même que tu aies songé à ce qui pouvait advenir.

Mystère : tu as été conquis sans que ta conscience en soit alertée.

Surprise : tu étais sans défense, tu n'as eu qu'à reconnaître le fait accompli.

Il y a de quoi être désorienté.

Tu avais cru qu'il te fallait comprendre avant de commencer à vivre.

Mais, à l'inverse, c'est lorsque tu te vois traversé par un courant de vie que tu accèdes à une parfaite compréhension.

C'est au moment où tu n'exiges plus de savoir que tes perceptions se font soudainement lumineuses.

À l'encontre de tes expériences sur le plan de l'agir, ce n'est plus un événement heureux qui engendre ta joie :
- elle jaillit de tes propres espaces ;
- elle le fait de façon inexplicable ;
- elle te laisse soupçonner la permanence d'un miracle.

Un feu s'est allumé quelque part en ton centre.

Il a fait son œuvre à ton insu, toi qui bénéficies pourtant de sa dévorante invasion.

Le bonheur s'est amené chez toi avant de te révéler son nom.

Quelle nouvelle ! ce n'est pas toi qui lui donnes de naître.

C'est lui qui daigne t'éveiller à sa présence.

Il te découvre la beauté de ses traits après avoir fini de t'attacher le cœur.

D'un monde à l'autre

Une voix t'a parlé dans le secret.

Une main t'a touché quelque part au centre.

Une présence t'accompagne sur la route.

Le bien-être ressenti est impalpable.

On te demande l'origine de cette paix qui t'inonde.

Or, si tu pouvais indiquer aux curieux l'endroit d'où elle a surgi et dessiner les lignes de son visage, ils sauraient par là que tu n'as pas émergé de la nuit et que tu es encore soumis aux lois qui régissent le monde sensible et mesurable.

Un univers s'ouvre pour toi, et c'est ta joie de ne pouvoir expliquer la nature du bouleversement bienheureux qui te surprend en chemin.

Autour de toi, on s'étonne que tu aies pu changer ainsi de registre et entrer avec autant d'aisance dans une dimension si étrangère à ce que tu avais connu jusqu'alors.

Ceux-là ignorent que depuis ton accès au monde nouveau, tu bénéficies de cette loi de l'enfance en vertu de laquelle tu es dispensé de la quête onéreuse et inféconde.

Ici, tout est donné.

Les gestes de l'amour n'ont pas d'antécédents.

Le passage d'un mode d'existence à l'autre s'opère dans le secret le plus absolu.

La vérité n'a que faire des discours et des explications.

Ta conscience a été alertée, l'intuition demeure : une intraduisible grandeur t'accompagne qui, paradoxalement, te simplifie le cœur.

Quand la fête bat son plein

Un univers lève au bout de ton champ, insaisissable.

Chez les peuples de la terre, les coutumes prennent force de loi et sont finalement codifiées après avoir subi l'épreuve du temps.

Dans ton cheminement, c'est l'inverse qui se produit.

Ici, une loi inédite, surgie comme de nulle part, exige sans plus de gérer chacun de tes mouvements.

Pourtant, il est fort heureux que cette prescription de dernière heure vienne se substituer à tes habitudes si laborieusement acquises.

À ce point de ta course, une portion d'éternité a commencé à séjourner en tes espaces.

Peine perdue que te raidir contre ce type d'invasion : tu es envahi non seulement de tous les côtés à la fois, mais à partir du centre même de ta personne, là où tu es sans défense.

De sa propre initiative, alors que tu étais à la poursuite d'objectifs contraires aux valeurs immuables, un arbre de paix a germé dans l'inconnu de tes racines pour recouvrir ensuite la face visible de ton être.

Cet univers est si éloigné de tes sentiers que ses couleurs demeurent pour toi un mystère, aussi longtemps que ton âme n'en a pas été traversée, que sa douceur n'a pas réussi à vaincre tes résistances et à dissiper tes appréhensions.

Et quand ta raison menacée songe à revendiquer ses droits, il est déjà trop tard : à l'intérieur, la fête bat son plein, et personne ne pourra en changer le rythme.

Recevoir ou émettre ?

La louange reçue de tes pairs et la notoriété obtenue grâce à tes victoires menacent de reléguer dans l'ombre ton foyer de lumière.

C'est ton centre en apothéose qui a mission de t'immuniser contre l'éparpillement.

Et l'unique énergie qui puisse obvier aux tensions de l'univers est celle qui se dégage de ton être surpris en état de recueillement.

La richesse de ce message viendra confondre le bruit de tes interventions inquiètes.

Inconsciemment, des légions d'assoiffés attendent de toi cette eau vive.

L'ensemble des humains aspirent aux biens qui miroitent à l'extérieur ; un petit nombre se tourne résolument vers l'intérieur où dort une innocence capable de nourrir la joie des multitudes.

Un vivant ne regarde pas dans l'espérance de découvrir ce qui pourrait lui manquer ; il observe pour trouver un espace où loger une surabondance que ses greniers n'arrivent plus à contenir.

Le soleil ne reçoit ni clarté ni chaleur ; il émet l'une et l'autre.

De même, ceux dont le visage est ensoleillé de gloire parlent non en vue d'éclairer, mais parce qu'ils sont dans l'incapacité de retenir en eux la densité de leur capital.

S'ils choisissaient de se taire, tu verrais les pierres éclater.

Le vide béatifiant

Tu es moins fait pour donner que pour accueillir.

Tu es moins fait pour supplier que pour recevoir.

Tu es moins fait pour admirer que pour être contemplé.

Tu es moins fait pour te soumettre que pour être la respiration et la joie de quelqu'un.

À moins qu'obéir ne consiste plus qu'à nourrir le bonheur de l'autre ?

Tels sont les impératifs libérateurs de la Sagesse.

Avec elle, tu deviens terre d'expérience.

Sa puissance est redoutable, mais le premier de ses exploits est de t'ouvrir le cœur et de te rendre apte à bénéficier de ses bienfaits.

Elle seule a la grâce de susciter en toi le besoin de remettre ta liberté entre ses mains.

L'invitation est irrésistible : il te faut devenir le prisonnier de son vouloir !

Quelle révolution pour toi qui avais vécu dans l'espérance de t'affranchir de toute espèce de dépendance !

Le meilleur est de te savoir à sa merci avant même de connaître ses desseins.

Lui faire ainsi confiance est une forme éminente de langage où tu confesses à quel point elle apparaît à tes yeux comme parfaite et désirable.

Tu es livré à la discrétion de ses initiatives parce que tout en elle n'est que respect et joyeuses surprises.

Tu avais l'absence en horreur, mais, sous sa tutelle, tu acceptes volontiers de pénétrer dans le « vide béatifiant ».

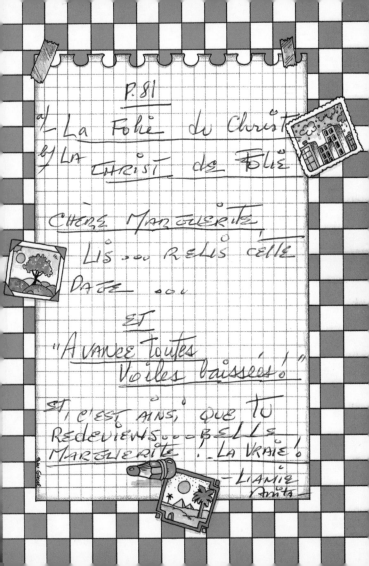

L'intervention féconde

Accepteras-tu que la Sagesse soit plus avisée que toi ?

Les rythmes joyeux de la vie auront-ils la permission d'élire domicile en tes terres désolées ?

Si tu aspires à la libération, sache que sa naissance repose entre tes seules mains.

C'est ton poids de vie qui peut transformer les personnes et les situations, beaucoup plus profondément que ton efficacité à grand renfort d'énergie.

Tu désires apporter l'abondance de ta lumière à ton voisin au lieu de mettre son propre champ en état de produire.

Enrichir un vivant ne consiste pas d'abord à lui fournir ce qui pourrait lui manquer, mais à lui permettre de rendre manifestes la bonté, la chaleur et la vie qui souvent l'habitent à son insu.

Soupçonnes-tu la nature de l'aide que les autres réclament ?

Ce qu'inconsciemment le monde attend de toi, c'est de te surprendre en état d'admiration devant la beauté.

C'est ce témoignage qui l'autorisera à vivre.

Laisser les valeurs grandir par elles-mêmes, redoutable défi !

Reconnaître que chacun possède sa loi personnelle de croissance et la respecter, intervention on ne peut plus féconde !

Peux-tu admettre que ton cœur lui-même aspire à se voir approché de cette manière ?

Les interdits du désir

Plus la réserve t'interdit de lever le voile sur le visage de la Sagesse, plus tu en reçois l'authentique révélation.

Son mystère est le partage de ceux qui craignent, bien avant d'être le privilège de ceux qui exigent une rencontre à ciel ouvert.

Comme si tes facultés, une fois purifiées par le renoncement, devenaient capables de découvrir ce qui, en elle, échappe à toute emprise.

Plus tu te sens indigne de la contempler, plus tu te vois envahi par sa présence.

La seule façon pour toi d'entrer en sa possession est de sentir sa main te toucher au-dedans.

Tu découvres ta virginité fondamentale à la mesure de ta descente au cœur de ses enceintes de fécondité.

La Sagesse n'appartient pas au registre de la verbalisation, mais à celui d'une infinie sobriété.

Avoir accès à son intimité, c'est renoncer à la connaître et épouser son éternel silence...

Être informé de son secret, c'est devenir incapable de le dire et s'employer à le défendre contre toute investigation.

Déroutante est son approche : chez elle, tu n'identifies pas l'arbre à son fruit, mais, à l'inverse, c'est la splendeur de l'arbre qui révèle la qualité du fruit et lui conserve sa fraîcheur et sa beauté.

Ta vénération envers elle doit te conduire à envelopper son rayonnement dans les plis de la discrétion, au lieu de céder au besoin immature de tout divulguer.

Possédé par l'intérieur

La Sagesse est un lieu de choix pour l'éclosion des printemps.

Évite de lui faire violence, et tu la verras établir sa demeure en toi.

Contemple-la, et l'apparente insignifiance de ta vie se transformera en un acte d'éternelle création.

Mais sache que le spectacle sera accessible aux seuls regards qui auront la prudence de se revêtir d'un voile de virginité.

Le mystère refuse de se dire à ceux qui n'ont pas appris à se taire devant lui et à le laisser à lui-même.

Sans que tu le saches, la Sagesse a déjà investi tes demeures, mais tu ne pourras jamais que pressentir sa présence.

Il y aurait mauvaise grâce de ta part à l'obliger d'agir à l'encontre de sa vérité.

Ne va pas céder à la tentation d'immoler le sacré au profit de tes objectifs et de le défigurer ainsi.

Cette attitude est moins un affront à sa dignité qu'un manque envers ta vérité.

Deviens ce que tu célèbres !

Qu'est-ce à dire pour toi aujourd'hui ?

Plus tu te tiens par déférence éloigné de la beauté, plus elle t'envahit par le dedans et te transfigure.

Plus tu t'étudies à rendre son mystère inaccessible, plus sa majesté se révèle avec son intouchable profil.

Le tressaillement inexprimable

Sonne l'heure où tu as conscience d'être le lieu unique où s'engendrent le «sens» et la «présence».

Et qui ne découvre pas en cela sa raison d'être, celui-là n'a pas eu accès aux enceintes du sacré.

L'humanité demeurera privée de son héritage :
- aussi longtemps que tu ne seras pas là pour l'abreuver de ta surabondance ;
- aussi longtemps que tu ne seras pas là pour la convaincre que son bonheur doit naître d'elle ;
- aussi longtemps que tu ne seras pas là pour la persuader qu'elle est en gestation de l'essentiel.

Je te le demande : où sont passés les sages qui s'étudient à ordonner la face de notre monde aux abois ?

La multitude n'est pas destinée à connaître le «tressaillement inexprimable».

Une loi vient rendre légitime ton entrée dans des espaces dont tu n'avais jamais soupçonné l'existence et qui sont ceux de la définitive lumière :
- tu avais attendu des autres, des événements, du hasard, ton indispensable ration, mais si tu n'apprends pas à l'enfanter toi-même, tu ne seras jamais un vivant accompli ;
- tu avais rêvé d'une trajectoire à parcourir, et on t'encourageait à poursuivre ton objectif, mais survient le moment où persister dans ton dessein t'obligerait à vivre en contradiction avec le meilleur de ce que tu portes en toi.

L'illusion a fait son temps : sous l'effet de l'amertume, elle se dissipe pour ne plus réapparaître.

Ton puits sans fond

Intrigant constat : il t'est donné de pouvoir « connaître » sans « savoir » !

Admirable révélation : voilà que tu peux librement passer ton chemin, en dépit de toutes les formes de contestation qui peuvent s'élever autour de toi.

Peu à peu, tu as été rendu attentif à une multitude de beautés qui t'ont procuré un bonheur qui, manifestement, dépassait la mesure de tes espérances.

Tu t'es interrogé sur le pourquoi de cette prodigieuse abondance et de cette gratuité.

Aux yeux du simple mortel que tu es, il semble anormal d'être alimenté avec tant de générosité et à tant de sources à la fois.

Comment le spectacle de la création, des objets inanimés était-il arrivé à te renvoyer ainsi à toi-même ?

Derrière la force paisible de l'arbre planté dans ta cour, devant la limpidité de l'eau et dans la clarté blafarde de la lune se dessinaient les lignes vierges d'un sourire, la chaleur d'une haleine, l'apaisante régularité d'une respiration.

Longtemps, tu avais été influencé de cette même manière, mais, distrait, tu avais persisté dans ta marche en avant comme si de rien n'était.

Tu avais passé la majeure partie de ton existence à accumuler une foule de connaissances.

Tu étais bien loin de soupçonner que cet immense bagage représentait une quantité négligeable en comparaison de ce que tu recevais comme messages de ton puits sans fond.

Immolé au profit d'un rêve plus grand

Lève tu ne sais d'où une paix qui persiste parce que ce n'est plus toi qui la « tiens » : c'est elle qui te « contient ».

Dès lors, tu ne gères plus ta vie : au fond de ton être, une force invite à te délester de tout ce que tu pouvais avoir en ta possession.

Un puits de fécondité attendait de jaillir à partir de tes profondeurs.

Quelle surprise ! il ne te suffisait pas de boire sans mesure !

Quelle nouvelle ! tu n'étais plus seulement le bénéficiaire d'une inqualifiable plénitude, tu en étais devenu la source intarissable !

Quel destin ! tu t'éveilles avec le mandat de fournir sa ration de joie à l'univers !

Tu étais dû pour une naissance, celle qui t'installe dans un tel état de gloire qu'au moment où elle apparaît tu la perçois comme un désordre auquel tu ne saurais consentir.

Elle sonne, cette heure où toutes les pierres que tu avais pu ramasser confessent leur impuissance à supporter le poids trop lourd de ton capital.

Tu ignorais qu'après avoir pénétré à l'intérieur du mystère plus rien ne tenait de ce que tu avais pu engranger.

Salutaire expérience que celle où ton angoisse surgit à même les sécurités que tu avais pu te donner.

Tes plus beaux rêves d'accomplissement se devaient d'être immolés au profit d'un rêve plus grand.

C'est ton héritage qui te tourmente

Évite de te laisser façonner par tout ce qui réclame ton attention.

Enrichis plutôt ce que tu rencontres de la beauté dont tes espaces sont remplis.

C'est ton capital spirituel qui doit gérer la couleur de ce que tu contemples.

C'est ainsi que la création mérite d'être observée.

L'heure sonne où il te faudra accepter une loi qui viendra bouleverser tes parcours : apprends que « les impératifs de la vie sont arbitraires ».

Tu n'as plus le choix, il faut te soumettre.

Tu le feras d'abord en gémissant, pour te féliciter plus tard, lorsque tu auras compris.

Puis tu t'étonneras de ce qu'en dépit des apparences tu ne souffres pas d'absence : absence de certitudes, absence des autres, absence d'infini.

Te voilà contraint de te rendre à cette évidence : c'est la densité de ton héritage qui, en avivant ta soif, te tourmente l'âme.

Très peu d'humains soupçonnent en eux la splendeur d'une aurore susceptible de transfigurer leur existence et de changer, du coup, la face du monde.

Tu es triste de devoir habiter si loin de ta source.

Et quand tu es aux prises avec les ténèbres ou le découragement, il arrive qu'au lieu de penser à purifier ton intérieur tu chercheras à intensifier l'éclairage.

Avant d'arrêter ton regard sur les personnes, il importe avant tout d'augmenter tes réserves de bonté.

La lumière est dans tes yeux

Ton ciel regorge de splendeurs, mais c'est par le biais de la transparence que tu pourras les atteindre.

L'éclairage venu de l'extérieur se restreindra toujours à la décevante façade des êtres et des choses.

En définitive – et c'est là le miracle –, tu ne peux prêter attention qu'à ce que tu possèdes déjà, disons mieux, «à ce que tu es».

Rien ne doit plus te captiver en dehors de cet unique panorama.

Le reste peut disparaître, il ne t'est d'aucune utilité.

Lui accorder le moindre intérêt ne saurait t'enrichir, si peu que ce soit, ni aider ceux qui t'entourent.

Le convoiter pour t'en rassasier menacerait de t'arracher au meilleur de ce que tu portes en toi.

Les réalités qui sont susceptibles de te laisser sur ta faim s'imposent avec la virulence d'un éclat sans lendemain.

À l'opposé, les valeurs permanentes, capables de te ramener dans le giron de ton unité perdue, font preuve d'une incompréhensible discrétion.

Si tu veux guérir de ton mal, il te faudra apprendre à jauger les personnes non d'après leurs aptitudes ou selon leurs vertus morales, mais à la mesure de ta seule lumière.

Quand, un jour, cette révolution majeure viendra te surprendre en chemin, elle fera de toi un vivant.

La bouche parle de l'abondance du cœur.

C'est ainsi que tu dois en arriver à lire non plus grâce à la clarté ambiante, mais avec la limpidité qui t'informe au-dedans.

La part du virginal

On n'a rien à t'apprendre sur tes richesses et tes faiblesses.

Et si tu étais tenté de les oublier – tes faiblesses surtout –, à coup sûr, ceux qui t'entourent seraient là pour te ramener à l'ordre en te les signalant au besoin.

Pourtant, en ce qui regarde tes valeurs d'être, il arrive qu'elles se dissimulent non seulement aux yeux de l'assemblée, mais aussi à ta propre attention.

Si tu possèdes des dons remarquables, ils seront facilement reconnus par ceux qui t'entourent.

En contrepartie, ton mystère se gardera bien de dévoiler son visage à l'indiscrétion du premier venu.

Ton capital de gloire n'est pas ordonné au service du prochain, mais à ton harmonie et à ton rassasiement.

Ton trésor, tu ne peux ni ne dois le verbaliser.

Tu es souvent incapable même de le conceptualiser.

Et, vérité bien contraire à tes réflexes, ce secret si soigneusement conservé deviendra le plus pur de ta joie dans la mesure exacte où il est inaccessible aux autres, voire à toi-même qui n'en auras tout au plus qu'une vague intuition.

Comme si la distance imposée te laissait entendre que, dans tes espaces sacrés, il y a la part inviolable du virginal.

Le meilleur de ta béatitude se situe dans le fait d'être découvert dans l'essentiel de ton être par un amour qui garde pour lui la satisfaction de t'avoir rencontré et de vivre émerveillé en ta présence.

Tu n'attends pas de lui qu'il nomme ta richesse, mais qu'il s'en nourrisse toujours.

Tu t'étonnes : ce témoignage te suffit, et il te comble.

Le neuf au cœur du pareil

Ton existence est tissée de répétitions.

C'est ce qui explique que tu te prennes si facilement à rêver de changements.

Mais céder à cette pente serait te rendre coupable d'une grave infidélité envers la joie essentielle.

Il y a ce miracle : pendant que tu circules dans l'éternel pareil, ton existence doit demeurer une perpétuelle éclosion de nouveauté.

Tu es en état permanent de naissance, et toute naissance est apparition de ce qui n'a jamais été.

Quoi, en effet, de plus neuf que le visage d'un petit d'homme ; et pourtant, quoi de plus ancien et de plus répétitif que la mise au monde d'un enfant ?

Si donc la monotonie te mord au fond de l'âme, c'est dans la mesure où, dans tes parcours, tu accordes une place démesurée à l'accessoire et au transitoire.

Ignores-tu que dans la plus belle partie de ton être il est un espace alloué à l'inédit ?

Ta vie est un acte continu de pure création.

Tu tentes désespérément de varier ta trajectoire et de faire des gains en oubliant de bien te situer au cœur de ton héritage.

Avoir accès à ta vérité, conserver le contact avec ta source est plus important pour ton harmonie et ta plénitude que t'enrichir de ce qui semble te manquer.

Remédie en premier lieu à ta carence principale, celle de ton absence à toi-même, et, par surcroît, ton agir mieux ordonné servira au mieux tous ceux qui comptent sur toi.

Le feu qui guérit

Tu n'arriveras jamais à entrer dans la terre des vivants si tu n'as pas atteint cette liberté qui te donne de franchir, sans les contester, les normes précises du simple savoir.

Si tu prenais le risque de prêter à l'inconnu le visage d'une incompréhensible bonté disposée à se mettre à ton service ?

D'emblée, tu deviendrais membre de la famille de ceux qui ont choisi de dessiner partout les lignes de l'harmonie et de la beauté.

Jusque-là, tu avais cru devenir ce que tu t'attardais à contempler, mais, dès lors, ce sera ce que tu contemples qui empruntera tes couleurs.

Un horizon, débordant de fécondité, est là offert à ton regard.

Vas-tu choisir de river tes yeux sur ce qui passe, sur ce qui blesse et sur ce qui déçoit ?

Vas-tu te résoudre à profaner ta pupille d'enfant de lumière en lui permettant de s'arrêter sur ce qui pourrait en ternir l'éclat ?

Mystère d'incompréhension : tu dois le reconnaître, tu as une inexplicable réticence à travailler à l'édification de ton bonheur.

Ton chemin sera-t-il celui de la tristesse ou de la fête, celui des larmes ou de la joie ?

Ton mal, comme celui des autres, n'est pas là pour être observé, corrigé ou supprimé, mais pour être abandonné à la puissance d'un feu capable de guérir toute maladie.

Ce miracle est ta gloire pour aujourd'hui.

Il n'en est pas d'autre à laquelle il te soit permis de rêver.

Célébration

Tu n'as plus le choix !

Ta mission relève de l'impossible.

Ton agir se doit d'être « démentiel » au regard de ceux qui s'astreignent à mesurer la pertinence et la fécondité de chacun de leurs mouvements.

Si tu as l'impression de marcher comme n'importe quel humain, il reste qu'au bruit de tes pas on devine ton appartenance à un autre empire dont tu relèves désormais.

Selon ce qui est observable, tu circules en direction d'un objectif, mais, en réalité, tu es devenu le centre vers lequel tout converge.

Tu as du mal à te convaincre de cette vérité ? Console-toi, car, en dépit des apparences, tu es beaucoup plus près de l'univers spirituel que du sol où ton pied se pose.

Tu es en pleine possession de toi-même, bien qu'en fait tu ne t'appartiennes plus.

Tous les hommes aspirent à entrer dans la fête et cherchent désespérément des motifs pour le faire.

Ils ignorent que la célébration prend sa source dans l'incoercible exubérance de la vie.

Ils attendent de pouvoir se réjouir, mais on ne célèbre ni l'absence ni la mort.

Dis-leur que seule la fête intérieure possède les accents qui peuvent transformer la lourdeur de leur démarche en pas de danse.

L'attitude de celui qui désire entrer dans la lumière ne peut plus compter avec l'ancien équilibre.

L'ordre nouveau s'impose !

Vivre à déborder

L'heure est venue d'entrer dans l'autre univers.

Dresse ta tente dans une terre où tout est accompli !

Maintenant, le repos seul est ton loisir et ta fécondité.

En toi, la Sagesse soulève le monde.

Et ta mission est « d'assister » à ce miracle inexplicable.

Ceux qui t'entourent ne peuvent vivre que de ta contemplation.

Cette œuvre est parfaite et, étant seule, elle satisfait à la pleine harmonie de l'univers !

Quand ta lumière devient adulte, elle se suffit à elle-même et elle suffit aux autres.

Elle ne peut grandir en toi qu'en se déversant sur les témoins de ta vie.

Et depuis, elle n'aspire à vivre qu'à la manière de celle du soleil, en débordant tout autour.

La pauvreté de tes réalisations est bien loin de laisser soupçonner sa présence en toi.

Mais ne va pas t'en désoler, car ton combat n'est plus celui que tu commandes.

Multiples sont les façons d'appeler la plénitude et le rassasiement : la souffrance, l'appétit du pouvoir, l'angoisse, les compensations à outrance, l'insupportable solitude, la passion de l'avoir, etc.

Si tu as recours à ce langage obscur et contradictoire, que tu es le premier à ne pas comprendre, c'est que la vie nouvelle t'a déjà envahi, qu'elle t'anime de son souffle et te travaille à l'intérieur comme un ferment.

Dispensé de tout guérir

Graduellement, et sans en comprendre le pourquoi, tu entres dans un univers qui prend un malin plaisir à taire son nom pendant qu'il te nourrit de l'exceptionnelle qualité de ses fruits.

Les réalités qui t'entourent sont demeurées les mêmes, mais ta façon d'observer a hérité de l'étrange charisme en vertu duquel il t'est loisible d'embellir tout ce qui auparavant pouvait vivre en manque de grâce et de dignité.

Livré entre les mains d'une autre fécondité que la tienne, tu rêves de trouver un cadre de vie qui s'harmoniserait au mieux avec les valeurs auxquelles tu viens de t'éveiller.

Mais la vie pourrait-elle avoir besoin d'un nid pour se protéger, alors que c'est en l'absence de tes préparatifs qu'elle a pris l'initiative de venir jusqu'à toi ?

Les lois ne sont plus les mêmes.

Désormais, ce n'est pas l'atmosphère dans laquelle tu évolues qui viendra favoriser ta croissance.

C'est à ta seule densité intérieure qu'incombe le soin de transformer le milieu où tu te trouves.

Tu apprends que les personnes et les objets n'ont pas à être changés, et que tu es dispensé du devoir d'améliorer les éléments pouvant entraver la marche de toute la caravane.

Ce qui circule de façon boiteuse est là, devant toi, comme un appel à rendre ton œil plus lumineux, afin de découvrir, derrière les apparences décevantes, la lumière et la beauté partout présentes.

À la création, il ne manquait que la richesse de ton regard pour resplendir de tous ses feux.

L'empreinte ineffaçable

Dans ton itinéraire, il arrive que tu es vivement interpellé par un spectacle, une parole ou un témoignage.

Subitement, et sans pouvoir te l'expliquer, tu entres dans un coin de paradis qui, détaché d'en haut, s'est égaré en tes domaines.

Une étoile a traversé ton ciel pour s'estomper aussitôt.

Peu importe l'instrument déclencheur du phénomène, il est la goutte d'eau qui fait déborder ton verre.

Peu importe le mode sous lequel la transition s'opère ; le centre de ton être a été remué, et dans un éclair t'a été dévoilé tout un pan de ton mystère.

Il a suffi de ce court instant pour tout apprendre et tout connaître, et de toi et des autres.

Dans ce passage où tu as ressenti le frémissement de tes racines de vérité, tu as été marqué pour l'éternité.

Cette empreinte ne s'effacera plus, même si, momentanément, elle semble disparaître de ton champ de conscience.

Quelque chose a été éveillé en toi et ne consentira jamais plus à se rendormir.

Revenu à toi, tu as d'abord cru à un mirage, à une illusion.

Mais les vestiges du passage de l'astre étaient bien là, et tu n'en démordrais plus, une part de ton être ayant été instruite de l'existence d'autres horizons.

Imperceptible est cette mutation opérée alors dans la partie inconnue de ton être, mais tu constates insensiblement une transformation dans ta manière de percevoir les personnes et les événements.

Mirage ou réalité

Jusque-là, tu avais été remué aux larmes en croisant le regard d'un tout-petit.

Te voici devenu porteur de l'éminent pouvoir d'évocation qui était demeuré le monopole de l'enfant.

Voilà que les terres de désolation se convertissent soudain en lieux d'espérance.

Non seulement ton être a subi l'invasion de la paix, mais il a reçu le privilège de transformer tous les tombeaux rencontrés en véritables foyers de naissances.

Tu reçois enfin la réponse à ta quête désespérée.

Une voix te persuade que les beautés entrevues ne sont pas des mirages.

Ton front n'en finira plus d'irradier parce que la lumière qui s'amène ne relève pas de ton industrie.

C'est pourquoi elle est si personnelle en même temps qu'indéfectible.

Plus jeune, tu t'en souviens ? combien facilement tu glissais dans le rêve et le conte !

C'est que tu pressentais déjà, à cet âge, l'existence d'un univers féerique flottant quelque part dans les cieux.

Le bouleversement s'est opéré, et te voilà sans méfiance à l'endroit de ce qui pourrait te décevoir encore !

Une intuition te laisse aussi entendre que tu en arriveras un jour à découvrir des réserves de bonté au fond de la pure méchanceté et que, par ta seule présence, tu sauras désamorcer toute tension et toute violence.

Révolution dans la pénombre

Quelque chose comme un rayonnement tranquille avait déjà fait déborder ta joie avant de te révéler son nom.

Les révolutions les plus déterminantes ne sont pas celles qui viennent bouleverser l'ordre établi.

Elles se réalisent à l'insu des intéressés, et leur gestation s'accomplit dans la pénombre du sacré.

Dans le calme qui sied à l'avènement des grandes œuvres, tu assistes à l'émergence d'une beauté dans la terre inculte de ton jardin.

Une figure impalpable se plaît à dissimuler ses couleurs sous les dehors de l'austérité et du dépouillement.

Tu es l'unique témoin de ce miracle.

Arriveras-tu, dès lors, à persuader les autres de sa présence, toi qui ne peux expliquer clairement ce qui t'envahit à l'intérieur ?

Peu importe ; dès l'instant où tu es plongé dans les espaces de la vie, il devient malséant de t'attarder aux analyses, et tu n'as plus à te préoccuper de convaincre.

Ta béatitude est devenue si prenante, l'harmonie qui te surprend et qui t'inonde est si pleine, la rénovation qui s'opère est si conforme à tes racines de vérité que tu consens à descendre dans la douceur de ces eaux, sans que ta prudence inquiète parvienne à y infiltrer ses doutes et ses hésitations.

Depuis longtemps, la meilleure partie de ton être avait été sollicitée par un indéfinissable appel.

Mais l'eau de cette source ignorée était trop limpide pour être accordée sans plus à l'irrespect de ton avidité.

La grandeur qui simplifie

Lève pour toi aujourd'hui une qualité si subtile de lumière que tes yeux de chair n'arriveront jamais à la contempler.

Tes pas s'avancent sur une route vierge de toute indication.

L'extérieur de ta coupe restera inchangé, et son contenu se dérobera jalousement à ton emprise.

C'est là la signature des révolutions essentielles.

Si tu es digne du don que tu reçois, tu puiseras dans la discrétion imposée le plus pur de ton bonheur.

Cette victoire est si nette et si définitive qu'elle peut se permettre d'abandonner les incrédules à leur scepticisme, comme si l'avènement de cette clarté en toi ne devait pas se produire sans laisser au moins aux sceptiques un peu de consolation – douter et se refuser demeurant la seule nourriture qu'ils sont encore capables d'avaler.

– « Naïveté ! » dira-t-on alors.

– « Oui, je vous l'accorde volontiers », pourras-tu répondre.

« Mais j'apprends qu'aux yeux de la Sagesse la transparence et la limpidité sont beaucoup plus près du mystère que la science et son orgueilleuse prétention. »

Tu le perçois bien : te voilà entré dans un espace qui, sans contredire l'intelligence, échappe à ses lois.

Tu viens d'être initié aux harmoniques d'une autre réalité.

Au mépris du temps

Ton cœur a le triomphe modeste.

Les réalisations de l'être sont faites de rien.

La terre que tu es n'a pas besoin de victoire.

À l'image de l'aurore, il suffit que tu sois là pour que la création reprenne vie.

Pour toi, vivre doit devenir si comblant que tu en arrives à oublier les besoins de ceux qui t'entourent.

Au monde de la vérité, c'est l'intensité de ton recueillement qui se révèle source de fécondité pour les autres.

Il fallait à ton jardin de se voir fumé par la qualité d'un triomphe dont il n'avait jamais pu soupçonner la joyeuse limpidité.

Le spectacle est bouleversant, mais il n'est pas là en attente de reconnaissance.

Il se présente à toi uniquement pour t'entretenir de ta propre lumière, comme l'arbre, la fontaine, le soleil, la fleur et l'enfant.

Quand tu assistes à un magnifique couchant, observe que tu n'aspires pas à partager l'incandescence de l'astre ; tu te laisses gagner par une indéfinissable pacification.

De même, pour te retrouver au centre de tout, tu n'as pas intérêt à t'enrichir de l'imposant capital des personnes d'exception devant lesquelles tu t'émerveilles.

Quelle est, penses-tu, cette loi admirable qui te régit du dedans et qui, au mépris du temps et du labeur acharné, peut te conduire jusqu'en tes racines et te construire dans la plénitude ?

L'essentiel ne peut venir que par surcroît

Une fois reconduit dans le silence de tes racines, il te suffit de laisser rayonner ta lumière.

Quelle force dans ce témoignage ! Alors, les multitudes inquiètes n'auront que faire des victoires et de la domination pour parvenir jusqu'à leur définitif et substantiel triomphe.

Les hommes ignoraient que la seule émergence d'un témoin de la paix parmi eux était un bien capable de les rassasier.

Il leur fallait l'apprendre.

C'est en étant plongés dans «un bain d'être» qu'il leur convenait d'y arriver ; il leur était uniquement demandé d'assister à l'irruption d'un autre monde pour en devenir participants à part entière.

Révélation plus surprenante : voici que la masse des humbles et des pauvres pouvait se dispenser d'acquérir la richesse jadis enviée aux grands de la terre.

Sans le savoir, ils attendaient qu'une image de leur propre densité soit là devant eux.

Aucun discours n'arriverait à leur apporter cette lumière, les valeurs fondamentales ne pouvant se transmettre que par émanation.

Tous ceux qui misent avant tout sur des actions d'envergure pour corriger les situations boiteuses manifestent qu'ils séjournent encore au pays de l'ombre : leur démarche n'est pas totalement libérée de la loi, de la stagnation et de la mort.

L'ultime réalisation doit nécessairement venir par surcroît.

En pleine possession de ton âme

Il y a l'admiration avide et dévorante, et il y a la contemplation joyeuse et oblative.

La dernière attitude se laisse déjà deviner dans un authentique amour humain, même si cet amour est encore entaché d'une recherche de soi.

Un vivant ne peut respirer sans faire grandir tout ce qui l'entoure.

Porte attention à la manière dont tu observes, pour mieux connaître ce que tu es.

Une personne qui se noie enfonce au besoin celui qui vient à son secours.

Tous attendent de toi que tu leur laisses voir ton être enraciné dans l'immuable.

Il y a ce mystère : il suffit au bonheur des démunis de soupçonner dans n'importe quel témoin une exceptionnelle qualité de vie.

Une assemblée possède le don étonnant de savoir détecter la richesse d'un de ses membres qui rayonne la paix, alors même que ce personnage n'aurait aucun triomphe à son actif.

Véritable anomalie : la foule des simples est comblée par l'apparition d'un étranger, maître de son âme, cet étranger fût-il indifférent à la louange qu'il reçoit d'elle.

On a pressenti chez le petit peuple que si ce témoin était attentif aux hommages il manifesterait alors qu'il est indigne d'en recevoir.

Il donnerait en cela la preuve qu'il a besoin de se voir confirmé dans sa propre valeur, lui qui a mission de fonder les autres dans leur vérité.

Ne lire partout que ton visage

Veille à bien définir la nature de ton combat.

Tu ne peux adhérer à une dimension de vie sous forme de dépendance, à la manière de l'enfant rivé au sein de sa mère.

Tu as comme unique mission de laisser voir ton être en vérité, afin que s'éveillent les inconscients porteurs de cette lumière qui brille en toi.

Sans le poursuivre comme but à atteindre, et par ta seule densité, sois objet de convoitise pour ceux qui méconnaissent encore la loi de l'émerveillement : « Un témoin qui se sent interpellé par une qualité de grandeur bénéficie déjà de ce qu'il contemple. »

Tu « reconnais » chez l'autre seulement ce que tu « connais » de toi-même.

Tu ne « deviens » pas ce que tu « admires », mais ce que tu « admires » révèle ce que tu « es devenu ».

Tu ne peux t'enrichir d'une « valeur » qui « captive » ton attention, mais l'intérêt que tu lui accordes manifeste que cette « valeur » est déjà « captive » en toi.

Tu es incapable d'être attiré par ce que tu n'es pas !

Dans tout ce qu'atteint ton regard, tu ne peux te plaire qu'aux seules richesses qui te remplissent déjà le cœur.

Ce que tu n'es pas te laissera toujours dans une parfaite indifférence.

Le ruminant demeure impassible devant la grandeur de ton intelligence, précisément parce que la bête est privée de cette faculté.

Victoires de l'être et de l'agir

L'émergence de la vérité dans une seule personne peut suffire à l'accomplissement de l'univers.

Être transporté de bonheur en te rassasiant de beauté, et cela, au point de t'oublier toi-même, est un événement qui fera rarement la manchette.

Il y a plusieurs qualités de victoire qui miroitent à tes yeux, mais les plus spectaculaires ne sont pas celles qui conduisent à la substance des réalités inamissibles.

À la suite des César et des Bonaparte, écraser l'ennemi et multiplier les vaincus restera toujours une forme larvée de succès.

Tu accèdes au but ultime non pas en réduisant tes adversaires, mais en devenant maître chez toi.

Dans les enjeux de la vie, la force des combattants n'est pas là comme une menace, mais comme un outil au service du meilleur de ta joie.

Atteindre à ta réalisation en te renonçant ne causera jamais de tort à ton entourage.

Quand il s'agit du combat essentiel, tu ne peux t'imposer que pour contraindre tes proches à grandir en leur révélant la richesse qui les habite.

Assister au triomphe de l'autre sur le plan de son agir et t'en réjouir est un jeu qui te fait côtoyer la mort.

Assister au triomphe de l'autre sur le plan de son être, c'est faire la preuve que ton capital intérieur a la même densité que la sienne.

S'émerveiller mutuellement n'ajoute rien aux intéressés, mais chacun est rendu à lui-même : ultime achèvement.

Objet de son attention

La Sagesse s'amuse à désamorcer tes impasses avant même que ces dernières n'apparaissent à tes yeux.

Elle éclaire toute réalité et projette sa clarté sur ton mystère, mais elle ne te dévoile pas son visage.

Elle n'est pas objet de connaissance.

Elle échappe à ton emprise et te laisse seulement pressentir sa présence.

Elle ne se tient pas là, devant toi, comme si elle était ouverte au dialogue.

Tu ne t'adresses pas à elle pour recevoir en retour, car, bonheur insoupçonné, elle doit refuser d'acquiescer à ta demande, étant donné que se livrer à toi est le premier de ses désirs et le plus grand bien que tu puisses attendre.

Elle ne vit pas dans l'espérance de ta vénération ; c'est toi qui es devenu pour elle un lieu de prédilection.

Et c'est là que réside la partie la plus déroutante de l'enjeu qui t'est proposé.

Ce qu'elle approche emprunte les couleurs du « féminin ».

La femme est « pôle ».

Il n'est pas de son ressort de « convoiter », mais de « convier ».

Son agir fondamental consiste moins à revendiquer qu'à nourrir.

Ainsi en est-il pour toi : tu te vois désormais investi de la mission d'« accueillir » et non plus de « conquérir ».

C'est l'ensemble de tes mécanismes intérieurs qui doit être reconverti.

La fête silencieuse

Épouser les rythmes de la Sagesse, c'est apprendre à tirer parti de tes échecs, c'est être capable de te consoler au spectacle de tes terres ravagées, c'est faire l'expérience d'un accueil inconditionnel quand tous font peser sur toi la condamnation.

Ce qui relevait de tes initiatives avait toujours revêtu une importance démesurée à tes propres yeux.

Tes manques prenaient si souvent la couleur du tragique !

Tu qualifiais volontiers de vertu le serrement de cœur ressenti à la suite de tes erreurs : c'était là un langage où tu disais à la Sagesse qu'elle n'était pas en mesure d'obvier à tes oublis et à tes carences.

À l'heure de la maturité, ce ne sont plus les appels à l'aide qui président au choix de tes engagements, mais uniquement le poids de gloire que tu portes en toi.

C'est ton héritage qui te dicte le chemin qu'il faut emprunter et détermine aussi la manière d'y avancer.

Cette irruption de ta loi interne ne se fait pas de façon tapageuse.

Elle est trop riche et dense pour donner place aux éclats d'un moment.

La fête est là en permanence, immobile, substantielle et silencieuse.

Elle a pour nom « jubilation de l'être ».

Tu l'apprends aujourd'hui, c'est ta personne elle-même qui commande la célébration et justifie ton entrée dans la ronde.

Le «subir de l'être»

Il est une qualité d'intervention qui ne s'épuise pas à la besogne et met son bonheur à transfigurer à son image ce qu'elle touche.

C'est par «excès d'harmonie» que la Sagesse résorbe les conflits et engendre la paix.

Chez elle, les énergies sont si bien ordonnées que son activité souveraine s'exerce à l'insu des intéressés.

Cet agir qui ignore le labeur, ton visage de vivant aspire à le voir prendre corps en toi.

Il œuvre à la manière d'une source qui, par impuissance à se contenir, perce la surface de la terre et te procure en surabondance l'eau dont tu as besoin.

Épouser la mouvance de la Sagesse, c'est renoncer à ton propre combat.

Lui être soumis, c'est entrer dans un univers libre de toute entrave.

Bénéficier de son influence, c'est te perdre en admiration et être dispensé du besoin de procéder à un discernement.

Avec elle, tu chemines avec l'assurance d'avoir choisi la bonne direction et la certitude qu'aucune erreur de parcours ne pourra t'échapper.

Sous sa direction, l'efficacité la plus grande coïncide avec l'absolu du repos.

Sous sa gouverne, rien à «préparer», tout a été «prévu».

Sous sa conduite, tu apprends à vivre avec ton capital de gloire.

Tu avais l'habitude de tes initiatives, tu devras être introduit dans le «subir de l'être».

La chaleur qui harmonise

Quand tu entres dans les espaces de la liberté, tu t'étonnes de ce que le détachement devienne facile, voire comblant.

Les initiatives qui relèvent de ta gérance finissent par alourdir ton pas et retarder ta marche.

Au contraire, le dépouillement qui fait suite à une invasion de vie te libère de façon significative : il ne t'arrache pas à ce qui t'enchaîne, mais il s'applique à faire déborder ta coupe, en sorte que tu finis par manquer d'espace pour loger ce qui est accidentel et éphémère.

À ce moment, les maladroites tentatives de discernement dont tu avais fait preuve jusque-là apparaissent à tes yeux comme une profanation.

L'heure n'est déjà plus aux vains regrets ; les erreurs du passé n'arrivent plus à faire obstacle à la lumière.

Le respect devient ta loi quand tu subis cette intervention qui, en un éclair, est capable de t'éduquer de définitive façon.

La délivrance à laquelle tu avais naïvement rêvé ne pouvait qu'ajouter à ta division intérieure.

Il te fallait être plongé dans une chaleur de vie pour qu'en toi tout s'harmonise et s'unifie.

Le cœur, après avoir mis bien du temps à se plier à la présence habituelle du miracle et de l'inédit, finira par céder à la douceur de l'onction dans laquelle il est immergé, et cette dernière se révélera elle-même comme éminente connaissance.

Affranchi des contraintes

Sans avertissement, une loi s'impose : l'adoration de ce qui demeure insaisissable au fond de toi.

Les yeux se baissent pour laisser le cœur à une enveloppante présence.

Tu viens de perdre tes moyens et tu n'aspires aucunement à les retrouver.

Tu consens à te livrer, mains et pieds liés, à ce qui te fait vivre et que tu ne peux identifier.

Tu passes dans un univers où tu te vois affranchi des lois et des contraintes imposées par la raison.

Il ne s'agit pas ici d'un comportement qui te serait dicté de l'extérieur, par souci des convenances ou par respect du sacré.

Il faut plutôt parler de souplesse et de docilité, celles de l'enfant endormi dans les bras de l'adulte qui a sa confiance.

Tu as alors la nette impression de créer le bon et le bien en les sortant littéralement de rien.

De l'intérieur monte la conviction que tu n'es pas seulement celui qui fait surgir ces valeurs, mais que tes espaces eux-mêmes en sont déjà remplis.

Étonné, tu constates à quel point il peut être satisfaisant pour toi de prêter de bonnes dispositions à l'inconnu qui te cache son visage.

Ton attitude s'apparente alors à celle de l'enfant qui, devant l'étranger qu'il rencontre, risque un sourire pour forcer ce dernier à lui ouvrir les bras.

Le jour indéfectible

Il y a la lumière du soleil qui permet de voir par milliers les grains de poussière flottant dans l'air que tu respires ;

il y a la lumière de ton intelligence qui, en éclairant le beau, fait ressortir, par contraste, ce qui est laid ;

et il y a aussi la lumière qui illumine ton intérieur et te sépare de ton mal :

c'est la lumière des origines, celle qui abandonne la nuit à son obscurité et célèbre le jour indéfectible.

Il y a ceux qui ont un constant besoin de manifestations extérieures, et il y a ceux qui s'entendent dire : « Ne viole rien, garde les distances, laisse à lui-même le sacré ! »

Dans leurs chemins, ces derniers assistent à la naissance du bonheur inédit, celui du respect.

Ils auront compris que, si la Sagesse est à ce point avare de confidences, c'est pour leur dévoiler le plus beau du secret, à savoir que la partie la plus achevée de la réussite ne leur sera jamais accessible ailleurs que dans leur propre expérience spirituelle.

Si tu sais écouter, tu percevras le timbre d'une voix qui te chuchote au-dedans : « Transforme ton cœur. C'est par le biais de ton être transfiguré que tu pourras saisir la splendeur du vide habité.

« C'est en renonçant à la prospérité que tu atteindras à l'authentique fécondité.

« Tu auras accès à l'ultime révélation au jour seulement où tu t'en estimeras indigne. »

La véhémence du désir

La simple perspective de ton désir jamais assouvi, ni dans le temps ni dans l'éternité, te laisse aujourd'hui sur ta faim.

Mais si ta soif est douloureuse, c'est dans la mesure où elle est encore mal éclairée.

Il te faudra expérimenter cette béatitude qu'est «l'attente inaccomplie».

Le désir purifié n'est plus que total accomplissement et rassasiement sans fin :
- il te rend capable de vivre en joie le tourment intérieur suscité par l'inaccessible harmonie,
- il te fournit l'énergie nécessaire pour demeurer tendu vers l'insaisissable objet qui prend plaisir à se dérober.

L'appel que tu as reçu serait-il trop haut et mal mesuré à ta faiblesse ?

Le mystère exige d'être laissé à lui-même.

Accepter de ne pas le connaître, c'est commencer à le comprendre.

Le mystère n'occupe aucun lieu.

Il fait de toi un espace illimité dans lequel il t'est loisible d'accueillir l'infini.

T'en approcher, c'est découvrir en toi le vide qui, avec véhémence, réclame l'immensité.

Ainsi convient-il de te voir éduqué.

Tu entres dans le temps du désir quand tu te sens remué au fond de l'être par la présence de ce qui est intouchable et qui seul sait toucher.

Le silence qui dit tout

Une vierge n'émet rien.

Elle absorbe et cache tout en son sein, et appelle de cette façon à être visitée.

Quand tu côtoies les espaces inviolables de la pudeur, tu te retrouves en gestation de la pure nouveauté.

Tout ce qui naît en cette sublime manière échappe à l'érosion du temps.

Ainsi, paradoxalement, la virginité se révèle comme la forme de fécondité la plus haute et la plus parfaite qui soit.

Par nature, la Sagesse est inaccessible, et son fruit pareillement : elle a mission de cacher en elle celui qu'elle invite à sa table.

Dans la mesure où tu l'approches, ton visage disparaît dans le sien.

Le meilleur de toi-même a besoin de cette incubation glorieuse pour grandir et voir le jour.

Entrer en sa présence,
- c'est éprouver un mouvement de recul face à cette harmonie qui daigne si volontiers t'accueillir ;
- c'est mesurer l'infinie distance qui te sépare de l'innocence originelle.

L'avènement du mystère vient te surprendre au moment où tu renonces à poser ta main sur lui.

C'est pour toi l'unique manière d'avoir accès aux espaces de la vie, secrets trop lourds de sens pour être transmis.

Quand le geste coule de source

De tout temps, l'humanité a perçu en ses profondeurs un indéfinissable appel qui l'a gardée à l'écoute du transcendant.

Elle discerne bien la voix qui parle, mais comme elle a du mal à comprendre le message qui lui est livré et l'entretient de l'essentiel!

C'est que ce langage ne s'adresse pas à l'oreille, ni à l'intelligence qui est déroutée quand elle l'entend.

Le signe unique auquel tu peux le reconnaître, c'est qu'un jour tu es touché dans une part inconnue de ton être.

Ce contact n'est pas d'ordre sensible, il est un mouvement de vie.

Cette communication sans parole vient instaurer chez toi la fête silencieuse.

Elle te convie au bonheur, et son timbre, si différent de celui d'un commandement, a la résonance d'une célébration.

Un pas de danse glisse dans la joie en l'absence de toute contrainte.

Quand ton intérieur a la liberté d'agir, tes gestes coulent de source.

Si le mystère déborde, il gagne tout à son rythme.

Quand tu te sens revivre sans en connaître le pourquoi, c'est que le doigt de la Sagesse est là.

Une expérience de cette nature te marque si profondément que non seulement tu ne parviendras jamais à l'oublier, mais le seul fait d'en devenir le témoin fera se lever la contestation autour de toi.

J'engendre, donc j'aime

Où la source puise-t-elle ce magnétisme qui te retient là quand, joyeuse, elle coule inutilement son eau ?

Pourquoi la figure d'un enfant croisé au hasard t'apporte-t-elle un regain de vie ?

Pourquoi la venue du printemps te renouvelle-t-elle ?

Les symboles sont là, et tu les consommes avec avidité, sans soupçonner qu'ils évoquent ta clarté.

Comme ce qui t'habite secrètement est une dimension de naïveté et de transparence, ton attention est retenue captive de tout ce qui, à l'extérieur de toi, te parle de ces valeurs.

En conséquence, il s'agit moins de donner de la puissance et de la pénétration à ton regard que de le charger d'innocence et de limpidité.

C'est d'ailleurs pourquoi il t'est si agréable de te sentir observé par des yeux qui baignent dans une indéfectible candeur.

L'être immergé dans la vérité n'a plus d'attention que pour le beau, le bon et le bien.

Ses propres erreurs et celles des autres se voient pour ainsi dire anéanties dans la lumière.

Le climat normal dans lequel les parents sont appelés à procréer, c'est celui d'une intense communion.

Accepte l'image et laisse la même ambiance présider à la mise au monde de ton mystère.

« J'engendre, donc, j'aime. »

Si cet amour était absent de ta vie, l'avènement de ton visage aurait quelque chose de luciférien.

Le jamais vu

À ta surprise, tout semble t'arriver à partir du néant.

Le miracle éclôt sous tes pas, en l'absence de toute contribution étrangère à ce que tu es.

Aux prises depuis toujours avec la nuit, la lumière de ton visage s'impose maintenant avec la puissance irrésistible de l'aurore.

Chacune de tes respirations n'avait été jusqu'ici qu'un geste de vieillissement.

Le propre de ton agir consistait à passer et il te fallait passer avec lui.

L'inconstance et la répétition te privaient de ton pain, mais t'établir dans l'inchangé risquait d'empoisonner ton existence.

Quel remède serait à même de te guérir de cette contradiction interne ?

De tous tes vœux, tu appelais l'inédit.

Aujourd'hui, c'est le nouveau qui s'avère une menace : il est pour toi le langage qui traduit ton éloignement de l'immuable et du définitif.

Tu n'as plus à fuir la monotonie du quotidien dans l'espérance de voir surgir le jamais vu.

Il est révolu, le temps où une expérience succédait à l'autre.

Tu viens d'être arrimé à l'acte essentiel qui est pure création.

Admirable échange : le pareil s'est converti en source intarissable, et l'inconnu cache la part la meilleure de ton héritage !

Les aspirations muettes

Pourquoi la lumière a-t-elle sur toi un irrésistible magnétisme ?

Immanquablement, elle te mystifie dès son apparition, elle qui, pourtant, ne saurait rien t'offrir.

Il lui suffit d'être pour que tout resplendisse.

Elle ouvre sur l'impossible, mais se refuse à le donner.

Son avènement n'ajoute pas au réel, mais amène au jour ce qui déjà dans l'ombre était caché.

Elle rend chaque chose à elle-même.

Comme elle, tu n'as qu'à être pour que tout s'accomplisse.

Apprends la leçon : ce que tu convoites n'est pas là pour être atteint et consommé.

Accepte la vérité : il y a plus de satisfaction à espérer qu'à toucher l'objet de ton désir.

L'austérité a changé de mission : elle est moins un outil pour parvenir à l'ultime achèvement qu'une composante essentielle du bonheur acquis.

Quand tes aspirations se font muettes ;

quand ton agir passe à l'invisible ;

quand, incompréhensiblement, ta soif se mue en recueillement ;

c'est que le mystère te révèle son secret.

Ce qui avait une densité plus grande avait toujours été pour toi l'objet d'une attention distraite : le regard éperdu du pauvre, la joie limpide du simple, le geste maladroit de l'enfant...

La gloire d'être vaincu

C'est jusque sur l'infini que tu es en droit d'exercer ton hégémonie.

Dans l'orbite de l'amour, c'est le plus démuni qui détient les rênes du pouvoir.

Le petit au berceau réveille les adultes à toute heure de la nuit.

Ici, le puissant, qui pourrait avoir le triomphe facile, trouve son bonheur à se mettre au service de la faiblesse.

Une inconditionnelle bonté est la seule forme de contrainte qui soit libre d'intervenir sans risque d'ajouter à la brisure.

Il y a dans la charité une loi cachée qui opère à contre-courant de ton agir spontané assimilable à celui d'un naufragé.

Quand tu acceptes de te laisser contempler par des yeux où l'amour se lit, tu te vois du coup revêtu d'une autorité absolue sur celui qui te regarde.

Tu subjugues l'amant avec une force à laquelle rien ne résiste.

La domination, dans ce cas, ne saura qu'édifier, épanouir et combler.

Le plus fort n'a de contentement qu'à être vaincu.

Et le point d'orgue à cette gestuelle inaccoutumée est que chacun entre en béatitude en béatifiant l'être aimé.

Alors, victoire inédite, aucune personne n'est lésée, aucune immolation n'est exigée : la fête récupère à son actif toutes les énergies disponibles et tous les éléments dispersés.

L'intelligence du cœur

Fini le temps du combat, finie l'obligation de vaincre.

Le présent est à la célébration.

Il t'a fallu avancer péniblement aussi longtemps que durait le temps de l'effort.

Les lois se révèlent déstabilisantes.

Arrive l'heure où tu réalises qu'une table a été préparée en ton absence.

Ici, le retournement est d'importance : il te faut consentir à ce que te soit offerte la somptuosité d'un repas que tu n'as pas gagné.

Il pourra même arriver que la porte demeure fermée pour celui qui était persuadé d'en détenir la clef.

Que choisiras-tu ?

Ton intelligence s'épuise à comprendre, mais ton cœur se trouve si bien à cette table, pendant que tous crient à l'inconvenance.

Ton héritage se cachait ailleurs que dans ce qui pouvait sortir de tes mains.

Tu le portais au meilleur de toi.

Quelle mission as-tu donc reçue ?

Celle de proclamer par tout ton être que la lumière est là, éternelle et vivante.

À quelle vocation as-tu été appelé ?

À celle de te laisser informer par la beauté et de devenir ainsi témoin de la plénitude et de l'harmonie.

Tu avais conduit une multitude de combats.

Tu n'avais plus à plonger dans la mer des eaux vives, tu en étais devenu le contenant.

Sourire d'une grandeur

Il a été dit de la Sagesse que sa majesté avait de quoi jeter dans l'ombre la beauté.

Sa perfection est à ce point accomplie qu'elle échappe à l'emprise de l'intelligence.

La Sagesse entraîne si profondément dans la «communion» qu'elle est inapte à la simple «communication».

Son harmonie est pleine en même temps que très dépouillée : il est impossible de l'apercevoir et de la contempler.

C'est la Sagesse seule qui peut t'éveiller à sa béatifiante présence.

Par l'onction de son toucher, elle s'introduit chez ceux qu'elle a jugés dignes de son amitié.

Et c'est par la vivification de tes racines qu'elle annonce sa venue dans ta demeure.

Sa richesse est telle qu'il suffit à ton rassasiement de te savoir observé par elle.

Inutile démarche que de partir à sa conquête : elle a l'initiative de la rencontre.

Tes amis les meilleurs ont-ils jamais manifesté autant de bienveillante attention à ton endroit ?

Te voilà bien désarmé : si tu as la révélation de ce qu'elle est en vérité et, mieux encore, si tu as la grâce de la respecter dans son mystère, il te faudra apprendre à tout recevoir de sa main sans avoir même à la remercier.

À son jour, tu découvriras que tes efforts auront réussi seulement à faire ombrage au climat d'imperturbable sérénité dans lequel elle baigne et où elle t'invite à la rejoindre.

L'incontournable conclusion

Accueille l'inacceptable énoncé : tu es plus digne d'amour que la totalité des humains.

Avance au large dans les applications concrètes des lois admirables de la vie :
- dans une famille, les parents sont au service de celui à qui ils ont donné le jour ;
- dans un groupe, l'ensemble est là pour le bien de chacun des membres ;
- la partie est plus importante que le tout ;
- un unique volume de qualité lu en profondeur en dit plus que l'imposante richesse des livres accumulés ;
- une seule parole : « Je t'aime », contient plus de lumière que l'abondance des discours.

Un seul individu représente une valeur plus grande aux yeux de celui qui aime que la collectivité tout entière.

L'intensité du bonheur éclôt au moment où tu concentres ton attention sur une unique personne.

Une idée poursuivie avec constance a forgé les témoins dont la figure s'est imposée à l'histoire.

Miracle de vie : chaque créature possède en elle non seulement l'infini de la création, mais aussi l'immense cortège des biens évoqués par cette dernière.

C'est la raison cachée de ton émerveillement spontané devant le sourire d'un enfant ou la grandeur tragique d'un pauvre.

Quand tu deviens le fruit

Ce que tu assimiles ne fait pas que «t'appartenir», il devient toi, ta vie, «toi vivant».

Tu t'émerveilles avec raison de ce que ton organisme puisse enfanter un être semblable à lui.

Mais as-tu prêté attention au fait que, dans le phénomène de la nutrition, ton corps est à l'origine d'un prodige plus admirable que celui de la gestation?

Ici, en effet, il ne s'agit pas de la mise au monde d'un être aussi grand que toi, à l'intérieur de la même espèce; il y va du passage d'un genre à un autre.

Le fruit que tu dégustes devient une composante active de ta personne, une partie de ton cœur ou la couleur de tes yeux.

Du règne végétal, il accède au règne animal.

Puis du règne animal, il est élevé à la dignité humaine.

Dans l'ordre biologique, si tu aspires à un mieux-être, tu dois choisir de façon judicieuse ce qui est nécessaire à ta survie et à ta croissance.

Et il arrive qu'en consommant moins tu te retrouveras en meilleure santé.

Dans les enceintes de la Sagesse, de même, plus tu avances, plus l'exigence du dépouillement te presse pour qu'émerge de ton fond la pureté des traits de ton visage.

Au terme, aucune démarche inutile, aucun gaspillage d'énergie, aucune perte de temps.

Tu es devenu le fruit: il suffit.

La discrétion d'un triomphe

Avec l'avènement de la lumière, l'autonomie devient peu à peu la loi inviolable du bonheur accompli.

Une bouleversante vérité s'impose alors à partir du dedans : ta nourriture ne saurait venir d'ailleurs que de ton seul humus.

Quelle révolution ! L'accumulation ne cadre plus avec la qualité de tes espaces.

Tu n'as plus à surveiller le contenu de tes greniers ni à renouveler tes réserves de vin.

C'est de tes caves que surgit désormais l'abondance.

La moisson est trop généreuse pour être engrangée !

Tes devanciers sont là et ils t'interpellent.

Ils accuseraient ton demi-sommeil.

Croire maintenant que l'entrée de ton sanctuaire pourrait te demeurer interdite parce que tu n'aurais pas été à la hauteur des obligations qui étaient les tiennes serait faire injure à la gratuité du don qui, aujourd'hui, vient s'offrir à toi.

L'amour pourrait-il être influencé par une autre instance que lui-même ?

Mais si, pour surseoir à l'invitation d'accéder à ton plein épanouissement, tu as la tentation de dire que tous ne sont pas destinés aux sommets, la vie va t'enseigner comment tu dois apprendre à t'émerveiller devant ta propre indigence.

La grandeur à laquelle tu es convié est située à l'écart du spectaculaire.

Elle n'a rien de flamboyant à te présenter.

Ses triomphes sont d'une infinie discrétion.

Solitude obligée

Voici l'aspect le plus bouleversant du mystère qui t'habite.

Dans un instant de gloire, tu t'imagines recevoir en toi la visite de la lumière, mais tu constates alors à quel point tu l'avais toujours portée à l'intérieur de tes enceintes.

Tu apprends que, dès le départ, tes chemins étaient déjà remplis de soleil malgré l'apparente insignifiance et la médiocrité de tes parcours.

Subitement envahi de clarté, tu vois se dessiner la trame de toutes ces années qui t'apparaissaient si noires au moment où tu les vivais.

Comble de surprise, non seulement la voie qui s'ouvre devant toi est vaste et lumineuse, mais personne n'a été autorisé à s'y aventurer avant toi.

Elle est vierge, et elle le demeure pour toi.

Silencieuse, elle a attendu que tu y déposes ton pied et y circules en solitaire rassasié.

Aussi longtemps que le cœur est demeuré mal apprivoisé à lui-même, imparfaitement initié au code de l'amour, ignorant de son aptitude à l'autosuffisance, cette solitude obligée a été considérée comme l'aspect le plus dramatique du parcours.

Mais comme un amour profond goûte l'essentiel du bonheur dans une intimité qui exclut une tierce personne, la plénitude de l'expérience spirituelle exige à bien plus forte raison que tu avances dans ses allées, riche de ton seul capital de gloire.

La montagne à tes pieds

Avant toi, une multitude de chercheurs à demi conscients ont été surpris, et sans pouvoir expliquer comment, par l'avènement en eux d'une harmonie à laquelle personne ne les avait préparés et qu'eux-mêmes ne sauront jamais décrire.

Comme toi, ils avaient aspiré à quelque chose de plus que ce à quoi ils avait été confinés jusque-là.

Et voilà que pour eux l'univers a basculé.

Une intraduisible présence a sollicité, comme une faveur, la permission de s'introduire chez eux.

De quêteurs qu'ils avaient toujours été, ils sont devenus des hôtes, les hôtes de l'impossible.

Il leur avait toujours fallu conquérir, miette à miette, ce qu'ils avaient estimé indispensable à leur survie, quand, un jour, ils ont été eux-mêmes conquis et rendus impuissants à se refuser.

Paradoxe, c'est au moment où ils étaient arrivés à la conclusion que les cimes entrevues étaient impossibles à escalader qu'ils ont aperçu la montagne humblement blottie à leurs pieds.

Sceptiques, ils ont alors voulu croire à un songe ou à une illusion, mais cette rencontre leur ayant laissé au cœur une blessure inguérissable, ils n'allaient jamais plus laisser la raison ou les convenances leur indiquer l'orientation à prendre.

Pendant toute la durée de leur trajet, ils avaient longé un sentier de lumière sans soupçonner qu'il était si près.

La récolte généreusement gaspillée

Chaque fois qu'il t'arrivera de retourner à la désolation de la médiocrité, une voix te répétera que tu n'es plus appelé à œuvrer à ta manière inféconde.

Elle t'invite à savourer le bon goût du pain nouveau qui vient non de ton froment ramassé, mais d'un amour qui s'offre en toute gratuité.

Tu garderas la liberté de labourer et d'ensemencer comme tu l'as toujours fait, à la condition cependant que ce soit pour le seul plaisir que tu y trouveras et non pour remplir tes greniers et assurer ta survie.

Comment accepter que la récolte n'ait plus comme objectif principal de te nourrir ?

Transformation troublante : elle reçoit la vocation d'être gaspillée sans modération au profit de la fête ininterrompue.

Ton statut a été modifié, mais tu persisteras à être plus enclin à te comporter comme un serviteur.

En effet, il est difficile de consentir à recevoir en n'ayant rien à offrir en retour ?

La générosité a changé de nom et consiste désormais à ouvrir ta porte, à ouvrir tes mains, à ouvrir ton cœur.

Le conflit est subtil, et tu as désormais le choix :

— tu t'études à enrayer le mal, ou tu laisses le bien envahir tes espaces ;

— tu t'inquiètes de tes échecs, ou tu te reposes sur une joie qui subsiste par elle-même.

Peux-tu te rendre le témoignage d'avoir confié à la « Vie » le soin de gérer ta « vie » ?

Le mouvement parti du centre

Tu demeures prisonnier de la profanation aussi long-temps que tu poursuis un objectif.

Tu agis alors pour répondre à un besoin ou pour démon-trer que tu es bien « vivant », et c'est en cela même que tu fais injure à la « vie ».

On t'invite à entrer dans l'absolue gratuité.

C'est un poids de vie qui fait plier les genoux de celui qui avait rêvé de parcourir le monde.

C'est un poids de vie qui assoit l'affairé et l'oblige à l'unique occupation, celle de l'attention au cœur.

C'est un poids de vie qui peut maintenir dans le silence le passionné du savoir et du dire.

Comme dans toute genèse, c'est la richesse cachée dans les racines qui féconde les fruits et donne à la branche sa belle courbure.

Le blé en terre, la sève sous l'écorce, l'enfant dans le sein : admirables images de l'accomplissement plénier.

Cela, à l'opposé de l'activité fébrile qui livre le produit au bout d'une chaîne de montage.

Quand la surprise s'élève du dedans, ses préparatifs et ses réalisations échappent à ta gouverne.

Le mouvement parti du centre a la fonction essentielle de t'accorder à l'humilité.

Indulgent pour ton incompréhension, il attend que tu t'épuises en tes courses infructueuses, avant de t'éveiller au miracle que lui seul aura su accomplir pour le meilleur de ta joie.

La gloire de l'inutile

La beauté de l'amour est venue fausser l'irréprochable précision de tes balances.

Tu ne dois d'aucune manière négliger de cultiver le champ qui t'a été confié, mais l'abondance de tes récoltes est en raison inverse de l'importance que tu leur accordes.

Plus ce que tu entasses est indispensable à la survie des tiens, plus cette richesse devient pour toi menaçante.

Veille à ce que le meilleur de ta générosité n'aille pas te distraire de la manne qui t'est présentée.

Non que tes efforts soient devenus vains, mais le jour où l'œuvre par excellence s'insinue dans une trajectoire, le capital laborieusement amoncelé reçoit sa valeur décisive quand il est immolé au profit de la définitive lumière enfin rencontrée.

Nécessaire, ton rendement ? Oui, à n'en pas douter, mais uniquement pour être tenu dans l'ombre et pour proclamer, ainsi, à quel point un peu de Sagesse peut suppléer à tant de biens péniblement amassés.

Il est étonnant de constater qu'au moment où tu méprises ce que tu as gagné tout le secondaire et l'inutile accumulés sont élevés à la gloire de ce qui est contemplé.

Instantanément, tout le banal et l'insipide de tes parcours passe au merveilleux.

Et, plus renversant encore, quand tu te concentres sur l'ultime occupation, tes errements eux-mêmes se voient soumis à la transfiguration et atteignent à la hauteur de l'acte essentiel.

L'inactivité féconde

Dispose ton âme à une forme supérieure d'enfantement.

Si, jusqu'à cette heure, il a suffi à ton rêve de combler ceux qui t'entourent au moyen de tes interventions, il est maintenant requis de toi de pousser plus avant dans le devenir de tes semblables.

C'est à un scandale inacceptable qu'il te faut consentir : au monde de la vie, tu ne peux enrichir ton prochain que par le poids de ton être.

Prépare-toi au dernier des paradoxes : à cette étape, tu te donnes corps et âme aux causes qui appellent ta générosité, avec la conviction que ton apport ne changera rien à l'essentiel, même si ton dévouement pouvait réussir à bouleverser la face visible de l'univers.

C'est au cœur de l'inactivité féconde et de l'infécondité douloureuse que se joue le duel où l'éternité triomphe du temps.

L'intrigante immobilité te ramène de façon salutaire à la densité de l'agir invisible où se cache la joie des vivants.

L'important n'est pas situé dans ce qui se mesure ou dans ce qui se pèse.

Il est révolu, le combat où ta volonté était seule dans l'arène.

Les valeurs ont subi une transformation à partir du dedans.

Finie l'ère des mirages où l'engagement extérieur et la quantité avaient préséance sur ton capital intérieur.

Le rythme de la sève

Le cœur de l'agir essentiel a toutes les couleurs de l'inutilité et de la stagnation.

Épouser le rythme de la sève, t'accorder à sa lenteur, c'est laisser croire que ton action est inexistante tant elle se fait discrète et silencieuse.

Apprendre le langage de l'être, c'est t'enfoncer dans un éternel sabbat.

La substance de la mission réside dans l'adoration muette et dans l'imperceptible mouvement des réalités permanentes.

C'est au bout de tes terres mal cultivées que viendra te surprendre le baiser de la tendresse.

Les chemins qui te sortent de la médiocrité et de la simple efficacité ne relèvent pas de ton industrie.

Aussi longtemps que tu en as l'initiative et que tu en conserves la gérance, chacun de tes pas est voué à la rectitude malingre et à la mesquinerie du rendement.

Entrer dans les enceintes de la Sagesse est un geste qui, à lui seul, résume et dépasse tous les autres.

Mais comment ne pas être taxé d'égoïsme quand tu sacrifies une démarche de surface pour guérir à leur racine les blessures qui font si mal à l'humanité?

Dispose-toi à te voir accusé de paresse si tu choisis de faire halte pour puiser à l'essentiel.

Ici, il y aura toujours la multitude des agités qui se feront les défenseurs de l'ordre établi en se donnant pour tâche de sauvegarder les priorités.

Langage silencieux

Au-delà des définitions, au-delà des combats, un horizon se dessine au cœur de ta nuit.

Sans préavis, une clarté a jailli du dedans, qui prévient chacun de tes pas.

Attachante figure qui commence par te gagner le cœur avant de se révéler à toi.

Image sublime qui, une fois aperçue, retient ton attention et t'enchaîne au meilleur.

Main pacifiante qui atteint jusqu'à tes profondeurs sans même que tu sois informé de son existence.

Tendresse surgie tu ne sais d'où pour t'introduire en tes espaces inhabités.

Langage silencieux de l'inexplicable paix par laquelle tu reçois l'annonce de sa visite en tes enceintes.

Apaisante lumière qui fait tout comprendre sans qu'il soit besoin de dire ou d'entendre.

À l'encontre de ce qui se passe en tes parcours, l'effet précède ici la cause.

C'est la mutuelle appréciation des personnes qui intensifie de jour en jour la force qui les unit.

Et quand tu peux compter sur le désintéressement de tes amis, tu éprouves un bonheur plus intense à les rencontrer.

Au monde de la Sagesse, tu te retrouves d'abord noyé dans une inqualifiable béatitude, et c'est à la suite d'une explosion de joie que tu décèles sa présence et son ineffable amitié.

Elle seule pouvait être à l'origine de cette indicible aurore qui levait quelque part en ton sein.

La Sagesse en sa demeure

À l'horizon se profile une perception de « l'ensemble » et du « Tout ».

En un seul acte infiniment simple, toutes les composantes du cosmos, et les tiennes assurément, apparaissent avec un visage de lumière et de vérité.

La Sagesse n'habite pas en tes espaces : c'est en elle que tout espace est contenu.

Elle échappe à l'emprise du temps et contient chacun de tes instants.

Et quand, sur tes chemins, elle surgit à l'improviste, c'est pour faire de toi un complice de sa grandeur et de ses privilèges.

À cette heure, il te devient loisible d'entrer derrière le voile où tu te surprends à être immunisé contre tout désordre et enraciné dans la paix.

Une fois introduits dans son sanctuaire, ses amis se retrouvent mystérieusement au centre de leur propre demeure.

Si jusque-là tu avais pu jauger ta valeur à l'aune bien imparfaite de tes actions les meilleures, voilà que, dans une évidence qui ne laisse pas l'ombre d'un doute, ton intérieur se révèle à toi comme étant le cœur du monde et le lieu unique de l'universel intérêt.

Lève alors le plus beau de tes charismes, celui de discerner un océan de bonté chez des êtres qui, hier encore, ne t'inspiraient qu'aversion et t'invitaient à les ignorer.

Ton capital est vivant

Quelle satisfaction d'apprendre aujourd'hui que ton capital est «vivant» et qu'il a la capacité de se reconstituer à partir de lui-même!

La Sagesse ne t'a pas révélé tous ses secrets.

À l'heure de la «gloire silencieuse», tu comprends que si l'enfant a toujours eu l'étonnant pouvoir de remplir ton cœur de joie, c'est dans la mesure où il t'offre l'image de la naissance à toi-même, celle vers laquelle convergent tes efforts et que tu es appelé à vivre sans fin.

Si, dans l'ordre biologique, les parents finissent par disparaître pour abandonner à leur progéniture le soin de contempler la lumière à leur place, dans l'ordre nouveau – quel miracle! – c'est la meilleure partie de ton être qui vient au jour et s'émerveille devant une autre clarté.

Ici, le nouveau-né n'est pas une personne distincte de la tienne.

Il ne s'agit plus de la race perpétuée par la venue du semblable.

Tu renais avec les traits immortels de cette icône bienveillante qui te cache en son sein.

Si l'apparition d'un petit d'homme, issu de la substance d'un amour, est déjà un événement qui suscite un exceptionnel bonheur, que penser de cet acte éternel où t'est révélée la pureté des lignes de ton propre visage?

Impossible de soupçonner toute la densité de vie dont ton mystère est porteur!

La liberté du regard

Quand les privilégiés de la lumière circulent au milieu de la foule, il arrive que les mille manies et les traits de caractère de ceux qu'ils rencontrent s'évanouissent comme brume au soleil.

Ils se nourrissent du souvenir persistant d'un geste infiniment simple, offert inopinément à leurs yeux, remplis d'émerveillement et de joie innocente.

En revanche, ces anges de paix sauront mieux que tout autre détecter la déchirure invisible des êtres qu'ils côtoient et la qualité des larmes intérieures qui auront coulé dans le secret le plus absolu.

Pourquoi te priver d'un capital de douceur servi chaque jour à ta table?

Il est une loi, celle de la liberté du regard, qui joue continuellement au cœur de ta vie.

Un miracle attend quelque part que tu l'autorises à naître.

Dans une première étape, tu cesses de souffrir en pure perte en refusant de t'arrêter à la mesquinerie de ceux qui t'entourent.

Plus loin, tu parviens à te river sur les valeurs fondamentales de ceux qui cheminent à tes côtés.

La profondeur et la sincérité de l'attention que tu leur portes les renvoient au meilleur d'eux-mêmes, et ils en sont bouleversés.

Ils viennent de recevoir la révélation qu'il y a en eux une base sur laquelle une amitié peut faire reposer ses assises: leur existence en sera transformée.

Tu n'as besoin que de toi

L'index accusateur pointé en direction des travers des coupables les enferme dans un combat sans issue et te prive d'un bonheur de grande qualité, celui de ramener doucement ton semblable en son centre apaisé et de le voir tirer de son sein des réserves dont il avait toujours douté.

Tu peux et tu dois t'appliquer à corriger tes travers et à mettre de l'ordre dans ta vie.

Cependant, ces rectifications de trajectoire, une fois réussies, risquent, en raison de ta faiblesse, de faire de toi un satisfait et un dur.

C'est en te rassasiant de lumière et de beauté que tu pourras assister à l'irruption en toi d'une existence nouvelle et aider ceux qui luttent pour émerger de leur inconfort et de leur nuit.

Tu verras la joie éclater chez ceux que tu rencontres sans leur avoir apporté quoi que ce soit.

Ils attendaient de se voir reconduits dans la plus belle partie de leur être qui continuera de s'alimenter au regard d'un étranger croisé en chemin.

Il n'en fallait pas plus, et ils n'en demandaient pas davantage.

Miracle imprévisible : ils sauront continuer leur route en ayant moins besoin de toi que d'eux-mêmes, établis qu'ils seront désormais dans leur immuable vérité.

Tu as la liberté de vivre comme un traqué sous la menace d'un continuel danger, toi qui as pourtant des réserves suffisantes pour nourrir ton bonheur et celui des autres.

Si tu étais capable d'un peu d'audace !

Logique de l'amour

La manière d'agir de «l'amour» vient révolutionner tes habitudes trop souvent marquées au coin de la performance et de la valorisation personnelle.

Aussi, quelle promotion pour toi de penser que ta valeur d'être a une importance telle que chaque élément de l'univers est ordonné à ton achèvement.

Quand tu pénètres dans les déconcertants rouages de la vie, tout ce qui t'entoure se surprend à revivre en se mettant à ta disposition.

Les lois s'inversent : l'attente de ceux qui gravitent autour de toi est comblée à partir de l'instant où tu acceptes qu'ils se dépensent sans réserve à ton service.

Scandale ici : «l'amour» n'est pas intéressé à donner, car il ne vit qu'en s'appauvrissant de ce qu'il a, le considérant comme rien en regard de ce que tu représentes à ses yeux ; il ne respire qu'en s'arrachant à lui-même pour se rendre sans condition.

Cette vérité est déjà bien étrangère à tes habitudes, mais il te faut pousser plus avant en direction du mystère.

Pour «l'amour», en effet, se livrer, ce n'est pas seulement se laisser conquérir, s'abandonner sans possibilité de retour — ce qui est déjà si exceptionnellement beau et rare —; se livrer, pour «l'amour», c'est changer l'autre en soi, défi insurmontable pour qui n'a pas reçu la grâce de se voir introduit dans les espaces du sacré.

Bouleversant miracle : dans «l'amour», recevoir un don, c'est subir la transfiguration en celui qui te le présente.

Le don

Les lois de l'amour sont les plus exigeantes.

Ici, l'individu qui « donne » le fait sans réserve aucune, et celui qui « reçoit » a le devoir de s'ouvrir avec une égale générosité.

Celui qui « donne » doit avoir pris le soin de se cacher lui-même dans le « don » qu'il apporte.

Dès lors, il devient impossible de s'ouvrir au « don » sans accueillir aussi le « donateur ».

Combien de fois te sera-t-il arrivé de vouloir combler une personne non comme signe de l'abandon de tout ton être entre ses mains, mais, au contraire, avec l'intention de l'acheter en quelque sorte, ce qui est à l'extrême opposé du mouvement de la véritable charité qui consentirait à mourir plutôt que d'imposer la moindre charge à l'être aimé !

Aurais-tu cédé parfois à la tentation de « donner » avec le dessein inavouable de te dérober à l'obligation d'aller jus-qu'au bout de l'engagement ?

À ce moment-là,

- plus le cadeau a de l'importance et
- plus tu te montres prodigue de tes avoirs,
- plus, tu es dispensé de te livrer toi-même, l'autre étant déjà suffisamment enrichi par ce qu'il vient de re-cevoir.

Comment pourrait-il te demander de pousser plus loin encore et de te rendre à la limite de l'oblation ?

Tu entres alors dans une enceinte sacrée pour y nourrir ton égoïsme en saccageant le plus précieux de ce qui y était conservé et qu'on avait confié à ta garde.

L'amour et sa symbolique

De quoi l'amour est-il fait pour bouleverser de si radicale façon?

Il porte en lui une loi troublante en vertu de laquelle tu ne peux rien offrir sans te livrer toi-même.

Avec lui, lorsque tu déposes le plus infime objet dans les mains de l'élu, c'est à titre de prélude seulement au geste capital que tu rêves d'accomplir et qui consiste à t'en remettre entièrement à sa discrétion.

Le rôle premier de ce que tu offres n'est donc pas de combler le récipiendaire mais de lui laisser entendre qu'il est déjà lui-même, et de façon exclusive, en possession de ce que tu es, et que ton désir s'est perdu dans le sien.

Sur cette terre bénie, le moindre des actes réclame, et de celui qui s'amène, et de celui qui est visité, que l'individu se dépouille, et de ce qu'il possède, et de ce qu'il est.

Si tu vas jusqu'au fond du message étonnant que t'adresse la nature, tu dois reconnaître que le corps abandonné au pouvoir de la personne est là, de même, comme un symbole de la conscience qui sent le besoin de dévoiler tout ce qui peut se cacher en elle.

C'est dans un climat de limpidité que le secret le mieux gardé se laisse voir en transparence.

Et la vie nouvelle qui, source de bonheur, viendra éventuellement couronner la rencontre ne sera elle-même qu'une image de la plénitude éprouvée par les parents dans la remise totale de tout ce qu'ils sont au bon vouloir de l'autre.

Le terme ultime de l'amour conjugal n'est donc plus l'enfant, puisque ce dernier n'est que le signe d'une confiance qui fait cadeau de son mystère, inestimable présent.

Poids d'être et agitation

Les lignes de la véritable victoire s'inscrivent sur les visages qui sont inconscients de leur beauté, parce que l'authentique triomphe est limpide au point de ne pouvoir être aperçu, et de ceux qui en sont les instigateurs, et de ceux qui en sont les bénéficiaires.

Les exigences premières de la vie prennent majestueusement leurs distances par rapport à ta perception du combat que tu entendais livrer avec tes propres forces.

Qui aurait pu soupçonner la qualité de l'offrande qui pouvait être requise de toi pour l'obtention de l'harmonie?

Tu tenteras peut-être de contourner la difficulté que tu as à te laisser prévenir en disant qu'aller à l'écart – ce qui n'est rien d'autre qu'entrer au fond de soi – serait faire preuve de désintéressement face à tous ceux qui, autour de toi, souffrent de la faim et du froid.

Ce plaidoyer jette dans l'ombre une loi fondamentale qui fait autorité dans la quête essentielle: tu ne pourras aider que bien superficiellement tes semblables si ton agir n'a pas sa source dans les racines mêmes de ton être.

En plus clair, l'aide que tu dois apporter aux autres doit faire suite à l'aide que tu dois t'apporter à toi-même, celle, primordiale, de ta vérité.

Si tu le désires, tu pourras bouleverser la face de la terre par le sérieux de tes interventions, mais, dans la mesure où ton engagement n'est pas nourri par ta richesse intérieure, dans la mesure où tu consens à te séparer de toi-même pour prêter assistance aux démunis, tu risques de devenir un élément perturbateur qui viendra s'ajouter à tous ceux qui existent déjà en trop grand nombre.

Enraciné en ton centre

Il y avait bien longtemps qu'un arbre était planté dans ton jardin.

Tu l'avais vu grandir, mais sans en connaître l'identité.

Un jour, des fruits sont apparus à ses branches et t'ont dévoilé la nature de celui qui les portait.

Il est insécurisant pour toi de constater que tu es soumis à des forces obscures, à des forces supérieures aux tiennes, à des forces capables de te devancer dans les choix que tu désires effectuer et d'agir sans ta permission et sans ton intervention.

L'expérience pourra confiner parfois à l'angoisse.

Jusque-là, tu avais été libre de sélectionner judicieusement les objectifs que tu jugeais important de poursuivre.

Et tu trouvais une satisfaction non négligeable à réaliser tes rêves.

Tes gains, souvent chèrement acquis, tu les défendais avec âpreté.

Et ne pas parvenir au but que tu t'étais fixé, ou le perdre après l'avoir atteint, était une épreuve majeure qui risquait de te précipiter dans le découragement et de briser ta vie à jamais.

Il te suffisait pourtant de demeurer au centre de toi-même, et il suffisait aux autres de te savoir solidement enraciné en tes espaces.

Comme tout est facile et simple ici!

Pour assumer un pareil défi, tu avais, à l'encontre de ce que tu pouvais penser, moins besoin de connaissances et d'énergies que de docilité et d'acceptation.

Invitation

Ne t'y trompe pas.

Chaque année, le printemps vient te parler avec beaucoup de force.

Si tu te sens animé d'un nouveau souffle, du seul fait que tu assistes à son émergence, c'est que tu es qualifié, toi aussi, pour faire fondre le froid de tes morts et faire germer les fleurs et les fruits dans tous les déserts que tu as à traverser et, plus encore, dans ceux qui peuvent t'habiter.

Ce n'est pas à partir d'un raisonnement que tu arrives à cette constatation, mais en vertu d'une parenté entre la sève de la belle saison et celle que tu sens monter de tes racines de vivant.

Chaque fois que la tristesse vient frapper à ta porte, c'est que tu as laissé à l'abandon ton capital de fécondité.

Pendant que tu t'affliges de la médiocrité de ta vie, la gloire s'impatiente sur ton perron.

Tu aspirais à dominer tes difficultés, tu rêvais de changer les situations et d'améliorer ta conduite, et, alors que tu t'agitais dans ce vide, une gestation s'accomplissait dans l'immobilité de tes espaces intérieurs.

L'eau pure de la vie s'étudie à laver ton visage quand tu t'attardes à pleurer sur ce que tu aurais pu salir.

Est-ce à toi qu'il revient de juguler ta mort?

Tu as le choix, deux horizons s'offrent à ta contemplation: déplorer dans l'amertume ton inguérissable pauvreté, ou bien laisser l'ardeur d'un feu brûler impitoyablement tes idoles pour mieux t'inonder de sa lumière.

Si la tâche de tout ressusciter dans tes parcours t'apparaît comme pénible, c'est que tu n'as pas compris: elle n'a toujours été qu'une invitation à la fête essentielle.

Multiplicateur de sources

Tu as puisé à tant de sources avant de découvrir la fontaine qui coule son eau dans les caves de ta demeure !

Naïvement, tu avais rêvé d'apaiser ta faim : illusion !

Bien t'alimenter, c'est faire en sorte que ton appétit devienne inassouvissable.

Quand tes bras ont débordé de ces biens que tu avais si longtemps convoités, tu as pu mesurer leur inaptitude à remplir le mandat à eux confié.

Le jour a paru où la faim qui te tenaillait au-dedans s'est vue exacerbée par la réalisation de tes rêves les plus généreux, voire par le raffinement de la partie la plus spirituelle de ton être.

À partir de cette heure douloureuse, tu as commencé à entrevoir la présence du « désir innommé » qui, comme un levain, soulève la lourdeur de ta pâte.

La révélation soudaine d'une inqualifiable harmonie a rejeté dans l'ombre ce que tu avais jusque-là appris sur les autres et sur toi-même.

Tu te sens traversé par une irrésistible force qui s'apparente contradictoirement à une infinie douceur.

L'influence d'une main souveraine vient t'asseoir au fond de la vérité.

Désormais, ta vie ne sera plus qu'une histoire d'immersion dans la joie et dans la conscience d'être.

À cette heure, tu confesseras avoir été soumis à un jeûne excessif pour n'avoir pas su reconnaître ta nourriture.

Parce qu'il a découvert le puits des eaux vives, celui qui avait foulé les routes du désert s'est transformé en multiplicateur de sources.

Lumière sur ton visage

C'est souvent au moment où tu désespères de parvenir à tes fins que tes orientations apprennent à se faire non plus à partir d'éléments extérieurs à toi, mais depuis tes seules racines de vérité.

À cette heure, tes choix sont éclairés par la limpidité d'une lumière que sécrètent tes espaces de virginité.

Ils ne sont plus à remettre en question et ils échappent à l'appréciation ou à la désapprobation d'autrui.

Pour la première fois, tu aperçois la liberté qui t'offre à contempler la beauté de ses traits.

De tous les miracles en gestation, celui-là était sans conteste le plus désirable et le plus comblant.

Étonnant mystère !

Il t'aura fallu des années de larmes et de gémissements pour apprendre que ta soif torturante n'était pas une maladie à guérir, mais l'indubitable manifestation de ta santé intérieure.

Tu languissais après la venue de cette aurore qui devait conduire la lumière jusqu'à ton visage.

Il y avait si longtemps que tu l'espérais, ce tournant où tu te verrais enfin confirmé dans la voie qui allait demeurer la tienne pour toujours.

Avant l'irruption de cette aube bénie, il avait été pénible de devoir avancer durant d'interminables années, à la manière d'une flamme vacillante sans cesse menacée par le moindre souffle.

Mais quelle plénitude quand l'errant de jadis se voit surpris par la clarté qui lève de son centre apaisé !

Sous la charge adorante

Ceux qui préconisent la revendication ou la contrainte comme voies de solution au mal manifestent ainsi les carences qui les habitent.

Il convient d'observer à quel point ces attitudes sont éloignées de ce que tu expérimentes lorsque tu te retrouves à table en compagnie des êtres que tu aimes.

En dépit des raisons que tu peux apporter pour justifier le type des interventions salvatrices au goût amer, il reste qu'au moment où il se sent coupable de n'avoir pas été assez généreux notre cœur attend de se voir prévenu de bonté plutôt que menacé de sanctions.

En te laissant imbiber de mansuétude, tu recevras une invitation à t'incliner sous une charge trop lourde de bonheur.

Et tu t'étonneras d'apprendre comment vivre pouvait être à la fois si simple et si fécond.

Si tu entres plus avant dans les eaux de la douceur surgira en toi un incoercible besoin d'adorer.

Aussi longtemps que cette adoration doit t'être imposée à titre de devoir à accomplir, tu demeures en exil.

Il faut que le mouvement en vertu duquel tu te prosternes en présence d'une intouchable beauté échappe au commandement.

Devançant l'obligation, il doit jaillir, spontané, comme les gestes pleins de grâce d'un grand amour.

En étant gagné par les harmonies de la paix, tu reçois un baiser de feu qui ouvre une cicatrice rebelle à toute guérison.

Cette blessure demeurera l'assise de ta béatitude.

L'inacceptable prétention

Le monde est en manque d'un point d'ancrage.

Il désire savoir sur quoi reposent les fondements de cette force tranquille qui t'habite.

Si tu n'as pas de quoi étonner, voire scandaliser, les témoins de ton vécu, c'est dans la mesure où tu n'as pas atteint à ta pleine maturité.

Cachée, inaccessible au fond du mystère, ta maturité est en même temps débordante de clarté.

Quoi de plus fragile que ta paix ?

Et c'est avec cette fragilité que tu oses te présenter comme modèle à ceux qui disposent de l'autorité.

Intolérable prétention !

Comment te faire pardonner pareil outrage ?

Et que dire quand cette assurance avec laquelle tu crois pouvoir éclairer les puissants n'accepte pas d'être remise en question ?

La paix dont tu es en gestation a ses assises en des espaces qui échappent à l'investigation de celui qui la porte.

C'est pourquoi, à ceux qui t'interrogent, il faut savoir répondre : « Ne me demandez pas sur quoi reposent mes certitudes. Imitez-moi seulement et vous saurez que le pain dont je nourris mon âme vaut mieux que les connaissances dont vous remplissez votre esprit. »

La foule ne comprendra pas ce langage, car, à ses yeux, c'est la raison qui doit guider le cœur, ce dernier étant aveugle.

Tous ceux-là sont si éloignés de la lumière qu'ils ne peuvent souffrir de son absence.

Et c'est là pour eux l'ultime tragédie.

Éveil

Les habitudes du divin

Tu as toujours attendu la folie des autres pour aider la naissance de la tienne, mais dorénavant, c'est ta propre folie qui a la mission de donner le jour à celle d'autrui.

Avance toutes voiles baissées.

C'est sans rames que tu devras remonter le fleuve.

Tu entres dans un pays…

où tu ne peux circuler qu'en sortant du chemin ;

où tu ne peux voir qu'en fermant les yeux ;

où tu ne peux comprendre qu'en étant touché.

La route est longue à parcourir, qui conduit à la sobre beauté des gestes que seule la Sagesse sait engendrer.

C'est elle qui rend sublimes les réalités les plus humbles.

C'est elle qui rend faciles les tâches les plus ardues.

C'est elle qui transforme les situations les plus tendues en lieux de grâce et d'harmonie.

La Sagesse tient un miracle au creux de sa main : elle t'habille des habitudes du divin en même temps qu'elle pourvoit à tes réserves d'innocence et de simplicité.

Il t'est difficile de croire que ton capital a de quoi recouvrir et apaiser la face du monde.

Toi qui disposes de cette puissance, sauras-tu la mettre en œuvre ?

Devant les invitations qui te sont adressées, ta prudence est « édifiante » et « exemplaire ».

Devant ce mode révolutionnaire du nouvel agir, confesse que tu es demeuré un enfant bien sage et bien discret.

Tu es l'hôte attendu

L'infini des espaces semble t'interpeller avec bien peu d'insistance.

Es-tu de ceux qui évitent instinctivement de s'interroger, mus par la crainte que la lumière surgissant de l'inconnu ne vienne prendre la direction de leur vie ?

Pourtant, impossible de te dérober !

Fuir le questionnement serait risquer de te voir battu de vitesse par lui.

Il se fera plus pressant à la mesure même de ton apparente indifférence.

Il faut forcer les portes de l'infini, les contraindre à céder sous l'intensité de ta quête, à s'ouvrir pour te livrer leur secret.

La ligne d'un inviolable silence était là, tracée devant toi.

Arrive l'événement imprévu qui traverse ton chemin.

De tous les points de l'horizon émane un inexplicable arôme de printemps.

Tu te demandes alors si l'illusion ne t'a pas gagné le cœur.

Tu te retrouves aux confins d'un mystère sans visage, sans voix et sans nom, d'une sorte de mirage qui se révèle plus consistant que le réel connu de toi.

Tu reçois la confirmation que la bonté habite un lieu et que tu es l'hôte attendu.

Un soleil quelque part est caché qui donne naissance à un jour combien plus limpide que la lumière du plein midi.

Te voilà initié au langage des étoiles.

Les cieux n'ont plus qu'un seul discours : TOI.

Tourment de la gestation

Tu frappes à une multitude de portes avant de vivre le moment surprise où tu découvres, au centre de ta demeure, le terme vers lequel tes pas avaient convergé.

Tes bras n'en peuvent plus de contenir une récolte surgie d'un jardin que tu n'avais pas ensemencé.

L'abondance t'arrive comme de nulle part.

L'infini se laisse lire dans le plus banal des événements.

Quand le tiède rencontre une idole, il l'interpelle et s'en réjouit.

Quand un vivant s'adresse à cette même idole, il exige qu'elle lui apporte l'absolu et sans mesure.

Quand le tiède absorbe un aliment dénué de toute substance, il l'assimile et s'en rassasie.

Quand un vivant s'approche d'une telle table, il en meurt de vide et d'absence.

Ne pouvant recevoir d'elle que le relatif et le décevant, il s'empresse de vomir ce qu'elle lui a présenté.

Il y a chez l'appelé une qualité de tourment où se traduit de façon certaine qu'il est en gestation d'une autre vie.

L'assoiffé, marqué au cautère de l'absolu, n'éprouvera toujours qu'amertume en dehors de l'unique bien convoité.

La loi ne changera pas: pour aboutir dans la terre de prédilection, il te faut traverser la mer houleuse, être brûlé aux feux du désert et mordu par le froid de la nuit.

Quand se lèvera le jour où toutes les nourritures qui te seront offertes ne sauront engendrer que dégoût et lassitude, ouvre les yeux, la levée du voile est imminente.

Sous l'avanlanche du bien

La naïveté est un correctif beaucoup plus puissant pour enrayer le désordre que les interventions bruyantes, souvent porteuses elles-mêmes de germes de mort.

Une attitude d'inconditionnelle bienveillance est un miracle qui n'en finit plus de féconder l'univers.

L'arrogance, le défi et la réclamation empoisonnent l'atmosphère en voulant la dépolluer.

Dans cette ambiance, dès que tu parviens à tes objectifs, tu demeures à l'affût du prochain obstacle à renverser.

Il apparaît dès l'abord que la paix ne consentira jamais à reposer sur des assises aussi instables.

Il y a déjà trop d'irritants sur les chemins du monde ; il importe au premier chef de répandre un baume de tendresse sur les plaies vives partout rencontrées.

Pour le vivant, il s'agit moins d'éliminer l'injustice que de faire expérimenter les bienfaits de la communion et le dynamisme invincible de la lumière joyeuse.

La loi, la force et l'intransigeance ne seront toujours que des aveux à peine camouflés d'une impuissance qui n'a pas le courage de se reconnaître.

Tu peux t'étudier à extirper le mal qui existe autour de toi, mais, en cela même, tu t'exposes à une forme subtile de violence qui laissera des cicatrices.

Quand le mal sera contraint de céder sous l'avalanche du bien, les enfants pourront jouer et les adultes commenceront à respirer.

Tourment de la surabondance

C'est une note caractéristique de ton espèce que d'être atteint à l'intérieur par le désenchantement.

Tu lances la sonde dans toutes les directions, mais ton mystère se dérobera toujours à tes investigations ; tu ne parviendras jamais à en percer l'énigme.

Tu accéderas au plus pur du bonheur en découvrant qu'il y a plus de satisfaction à respecter l'immensité de tes abîmes qu'à les inventorier sans pudeur.

Arriver à cerner ton capital intérieur prouverait seulement qu'il manque de l'envergure nécessaire pour répondre à ton espérance.

Tu ignores ce dont tu es le porteur.

Or, le plus indispensable pour toi n'est pas d'atteindre à la pleine clarté, mais de pouvoir souffrir de son absence.

Incapable d'étreindre l'absolu auquel tu aspires, tu n'arrives pas à trouver le repos.

Tu reçois en cela le signe le moins trompeur du fait que tu as déjà part à ce dont tu te croyais injustement privé.

Étonnante nouvelle : ta paix a rêvé de dormir dans le sentiment bienheureux de te savoir dépassé par ta richesse d'être.

Tu l'apprends : tes larmes ne viennent pas d'une privation, mais d'une surabondance impossible à endiguer.

Ce n'est pas un vide qui te malmène sans répit, mais une trop grande intensité de vie.

Ce n'est pas ton indigence qui te torture, mais la surabondance de ton héritage.

Prophète par le seul poids de ton être

Te soumettre à toi-même, obéir à ta vérité, voilà la respiration du vivant que tu es.

Tu peux t'interroger à savoir si tu es appelé à vivre une expérience aussi révolutionnaire.

La réponse à cette question est fort simple : tu as la preuve que l'avènement de ton capital intérieur est venu surprendre ta conscience endormie...

- quand tu souffres d'être contredit ;
- quand il t'en coûte d'être rejeté ;
- quand tu es oublié ou évalué à perte ;
- quand tu ne te pardonnes pas d'être lâche et que tu fuis les appels au dépassement.

Tu reçois alors la révélation que tu devenu incapable de te trahir ou de te renier.

C'est là ta façon de demander à tous de reconnaître et de respecter ta lumière.

La moindre effraction à cette loi te bouleverse, et tu te sens menacé de mort.

Il t'est désormais interdit de tricher avec le meilleur de ton être.

Tu te montres impitoyable envers les forces ombrageuses devant lesquelles tu avais si longtemps capitulé.

Mais ta manière de les affronter n'a plus la couleur des combats d'antan : il suffit maintenant qu'apparaisse la paix de ton visage pour que se déclenche l'hostilité chez ceux qui portent ombrage à ta clarté.

Tu deviens prophète par le seul poids de ton être.

Domination et humilité

Les espaces du cœur n'ont pas fini de soulever le voile sur leur inépuisable contenu.

Quand l'écrasement des faibles vient alerter ta conscience, le cri de l'opprimé est-il le seul à retenir ton attention ?

Ton regard peut-il atteindre jusqu'à la détresse cachée du bourreau qui, pour survivre, consent à broyer ainsi l'innocent sans apparente pitié ?

As-tu pensé qu'un être sans entrailles devait être plus favorisé de ta compassion que l'indigent sans aigreur ?

À toi de choisir entre le « tragique inconscient » et la « faiblesse sublime ».

Les espaces du cœur dissimulent volontiers le plus beau de leur visage :

- il y a la domination amère et il y a la chute en pleine harmonie ;
- il y a l'humanité en état de torture inapparente et il y a l'humilité festive ;
- il y a ce qui crève les yeux, et il y a ce qui ne peut être lu qu'en abaissant ton regard.

Voilà une qualité de combat que tu as négligé de conduire : à tes yeux, il y a une urgence plus grande à réparer le mal qu'à cultiver le bien et, en cela, tu manques à la lumière.

Tu n'as pas exploité la puissance guérissante de la grâce et de la beauté.

Tu as voulu remédier au mal par le dehors.

Il fallait intensifier le bien par le dedans.

L'amour t'est soumis

Tu croyais avoir reçu pour unique mission d'être le sujet de l'amour, docilement asservi à ses volontés.

Que de fois seras-tu demeuré insensible à l'amour qui se présentait à toi comme l'exécuteur de tes impératifs !

En ne te croyant pas autorisé à maîtriser l'amour, tu as refusé de vivre au rythme qui était le tien.

Avec une fausse générosité, tu avais contraint ton cœur à la soumission, avant de l'habituer à exercer sa domination sur l'amour.

Miracle additionnel au palmarès de l'amour : quand tu ne t'étudies pas à le respecter, il te tourmente le cœur jusqu'à ce qu'il parvienne à ses fins.

L'amour n'exige rien de toi quand tu lui prends tout ce qu'il a et tout ce qu'il est.

Un tel amour ne s'enseigne ni ne s'apprend.

Il vit, il déborde, il convertit, il rayonne, il donne et pardonne.

Pour étendre partout son règne, l'amour devra attendre que tu apprennes à régner sur lui.

Quel langage !

L'amour a renversé la dynamique de tes combats.

Que comprendre à cela, si tu persistes à demeurer dans l'ordre de la logique et du convenable ?

L'amour et la raison souffrent d'une irréductible incompatibilité.

L'univers gémira aussi longtemps que tu n'auras pas admis l'amour sous ta juridiction.

L'amour a choisi d'être victime de lui-même !

Et c'est là paradoxalement le dernier mot de sa gloire !

La chaleur de tes larmes

Es-tu vivant ?

Es-tu ouvert à la permanence du bonheur ?

Es-tu intéressé à susciter la fête sans fin ?

La réponse à ces questions est facile : tu n'as qu'à mesurer l'abondance et la chaleur de tes larmes.

Que te demande-t-il, l'amour ?

Qu'attend-il de toi, l'amour ?

Que te manque-t-il, penses-tu, pour être accueilli par l'amour ?

Tu te sens si loin du but à atteindre, n'est-il pas vrai ?

Quand accepteras-tu que la bienveillance de la Sagesse vienne t'offrir la beauté de son visage à contempler et te sortir ainsi de tes sentiers douloureusement inféconds ?

Il lui tarde de te faire comprendre que la révélation de tes traits cachés, dont elle nourrit sa joie, est plus importante à ses yeux que la rectification de ton agir.

L'amour s'accommode de si peu.

Il n'exige rien d'autre que l'essentiel, cet essentiel qui ne veut surgir qu'à la faveur du dépouillement.

Il peut jubiler face à un spectacle susceptible de scandaliser ceux qui doivent constamment emprunter leur lumière à une source étrangère.

Ceux-là n'ont jamais appris à admirer la présence d'une bouleversante limpidité dans les yeux d'un enfant, limpidité mise en relief par le fait que cet enfant était sale et mal vêtu.

Chez eux, l'ombre se voit refuser la mission qui est la sienne, celle de faire apparaître ce qui risquerait de passer inaperçu à ton regard distrait.

En travail de toi-même

Un vivant n'est pas esclave de la loi.

En conséquence, tu dois devenir le législateur de ta propre vie, un artisan de ton devenir.

C'est uniquement en vivant que tu peux sensibiliser les autres à la nécessité de vivre.

Elle semble sans fin, la voie qui conduit à ton achèvement, mais ce que tu cherches, tu le portes déjà en toi.

Tout comme la femme qui accouche, tu ne dois pas «recevoir» ton mystère; il te faut lui donner le jour, naître de toi-même, faire apparaître ton image et lui fournir une consistance capable de défier le temps.

C'est ton visage en gestation qui te fait gémir.

Tu es en «travail» de ce à quoi tu aspires, et c'est là ta gloire.

Une révolution doit s'opérer en toi.

Elle est plus exigeante que tout ce qu'il peut t'être demandé d'accomplir, et plus féconde que la qualité de ton dévouement envers le prochain.

Il s'agit de consentir au dépouillement; en cela, tu obligeras les autres à te venir en aide.

Il n'est pas d'outil aussi efficace ni plus respectueux pour valoriser ceux qui t'entourent que d'être mis en situation de te secourir.

C'est ainsi que tu arriveras à les éveiller aux réserves de générosité qui les habitent.

C'est bien cette loi de l'indigence et de l'impuissance qui rend si indispensable la présence de l'enfant dans ta vie.

Modeste triomphe

On a voulu t'initier aux mouvements d'une mécanique parfaitement rodée.

Un monde est là qui a vidé le réel de son âme.

Pour le ramener à son centre, aucune force n'est disponible, que son inquiétude et sa souffrance.

Il se refuse à lui-même, et c'est en cela que consiste la dernière de ses tristesses.

L'inutile et le gratuit n'ont plus accès à ses demeures.

Seule la solitude s'autorise à le visiter encore.

Il travaille pour un salaire qui lui sera généreusement accordé, celui de sa solitude et de sa pauvreté.

Son appétit l'oriente vers une sorte de biens dont l'abondance démantèle son intérieur.

Sous un faux visage, celui de la complaisance et du désintéressement, voilà que son adversaire s'en est approché.

Son cœur s'est endurci : il a choisi de confier au granit et à l'acier le soin de le protéger contre la mansuétude et la douceur.

La pierre garnit ses allées où l'enfant risque de se briser.

Son ciel est peuplé de satellites qui entendent rivaliser avec la joyeuse beauté des étoiles.

Il s'émerveille devant l'envergure de ses victoires, mais il a le triomphe modeste : il est plus menacé que le plus fragile de ses vaincus, le faible sans défense, l'innocent écrasé et l'esseulé en attente de présence et de communion.

Les diplômés de cette école sont déjà si nombreux, garde-toi bien d'y ajouter.

Ton émergence dans la lumière

Comme, au bout de la tige, une fleur aspire à voir le soleil, le fond de ton être tend vers la lumière.

Et si des embûches sont semées sur la route qui mène à ta vérité, c'est pour manifester la véhémence de cette force qui t'incite à venir au jour.

Ainsi, l'évidence s'impose : ton mystère en gestation est plus fort que tous les obstacles placés sur ton chemin.

Le témoignage de ceux qui ont positivement marqué l'histoire n'est jamais apparu avec autant de relief qu'au moment et dans la mesure où il a été contredit.

Vient l'heure où, en te refusant à cet accouchement, tu te condamnes à mourir.

Voici ton redoutable dilemme : ou bien il te faudra périr de la main de tes adversaires pour avoir osé t'affirmer, ou bien tu devras disparaître dans la résistance que tu offres à ton achèvement.

Personne ne peut s'opposer impunément à l'émergence de sa propre clarté quand celle-ci monte de son humus profond.

Dans cet avènement, la douleur pourra venir de ton opposition aux poussées de l'être en toi ou de la malveillance de tes proches, mais aucune instance n'arrivera à enrayer le mouvement de vie qui va nettoyer ton ciel de toutes les illusions qui peuvent s'y loger.

Et si, au long de tes parcours, tu réussis à esquiver toujours les choix déchirants, il y a de fortes chances que tu ne sois pas appelé à vivre au-delà de ce seuil où le simple «fonctionnement» suffit.

La conscience d'être

L'unique performance que le monde attend de toi est que tu te nourrisses à même ton harmonie.

Quand tu auras la générosité d'accepter ce que tu es et la force d'en imposer à tous la vivante réalité, le monde entrera dans le repos.

Chacun pourra bénéficier du message que, confusément, il désirait recevoir.

Ton témoignage viendra éclairer l'obscure aspiration qui était toujours apparue à leurs yeux sous les couleurs d'une recherche narcissique.

Ils ambitionnaient de devenir des personnes libres, et voilà que tu les autorises à « être » !

Triple victoire, grâce à un seul acte :
- les simples s'y reconnaissent et se prennent à vivre ;
- ceux que la crainte habitait peuvent désormais répondre aux invitations de la vie ;
- ceux qui sont rongés par l'envie sont contraints de manifester leurs intentions inavouables.

Comment vas-tu réagir quand tu percevras au fond de toi l'écho d'une voix qui te suppliera de lui prêter attention ?

La naissance à soi est un défi plus redoutable que l'enfantement biologique, ce dernier n'étant qu'une image de la première, celle de ton émergence dans la lumière et dans la vérité.

Note bien cependant qu'ici la souffrance n'est pas occasionnée par un surcroît d'énergies à fournir, mais par la résistance que tu offres au meilleur de toi-même qui demande à venir au jour.

Indifférence et déchirure

Inacceptable scandale pour un regard mal éclairé : des millions d'humains, égarés sur des chemins de perdition, sans aucune forme apparente de compassion pour le malheur et la détresse d'autrui – totalement accaparés qu'ils sont par leur incoercible besoin de se noyer dans les plaisirs empoisonnés dont ils sont avides –, tous ces errants, détournés de la lumière, pourraient-ils se retrouver finalement plus près de la vérité que beaucoup de justes dont la vie tranquille et sans histoire n'aura jamais connu les affres et les déchirures d'une sourde quête de l'infini ?

Question déstabilisante !

Sévère redressement de perspectives !

La voracité sans fin pour les nourritures interdites et l'excès dans l'inconduite peuvent être révélateurs d'une faim insatiable qui torture les entrailles d'individus impuissants à comprendre la nature du pain que leur fond réclame à grands cris.

Est-il possible de se sentir accablé d'infidélités sans nombre et de porter la gloire au cœur d'une mort continue ?

Mais où tracer la ligne de démarcation entre le jouisseur, indifférent à l'autre clarté, et l'excessif, rongé par le tourment de l'absolu ?

Le simple frivole évite avec soin d'aller jusqu'au bout du désordre et de l'irréparable.

Il agit avec une certaine modération, il ménage ses réserves pour faire durer plus longtemps son plaisir ; il n'est ni assez mauvais ni assez souffrant pour être acculé à chercher inlassablement le jour au cœur de la nuit.

La quête aveugle

L'excessif va dévorer ses idoles avec frénésie, au point d'en perdre ses biens, sa réputation et sa santé.

Son échec ne peut être que total.

Sa ruine est universelle.

Il ignore toute forme de prudence.

Il ne gère plus sa conduite.

Son engagement dans l'errance le conduit dans une complète obscurité.

Sa passion s'est entièrement emparée de lui et elle le subjugue comme un vaincu.

Pour lui, jamais de demi-mesure.

Marqué au cautère de l'absolu, il fait éclater tous les fétiches rencontrés par la virulence de sa soif qui n'exige rien de moins que l'infini.

Toute nourriture autre que le définitif accomplissement ne saurait qu'exacerber son appétit.

Il perd tout et il se perd en même temps.

Il n'aura de cesse qu'il ne soit devenu lui-même le tout.

L'enfer intérieur qui le ronge sans ménagement l'oblige, lui, le coureur d'un rêve impossible, à retourner vers le centre, à s'arracher à son mensonge, à creuser jusqu'au fond des abîmes.

Elle te guette, la réussite qui, subtilement, t'endurcit.

Comme il est urgent de pleurer toutes les larmes tièdes dont le cœur est capable pour être reconduit dans cette dignité que tu avais laissée dormir au fond de toi.

Le salut et la fête, le couronnement et la gloire sont à ce prix.

Il suffit que tu sois

Il suffit à l'émancipation de la multitude que ton visage apparaisse en pleine lumière.

Dans les espaces de l'amour, quand tu peux dire: «Je suis», l'univers entre dans l'harmonie.

Le handicap de ta vie ne réside ni dans ta médiocrité ni dans tes manques, mais dans ton inaptitude à reconnaître la présence en toi de contraintes qui, depuis toujours, limitent ta liberté.

Au monde de la vie, il existe une loi qui couronne toutes les autres, une loi en vertu de laquelle on daigne te dilater le cœur en ne t'obligeant d'aucune manière.

En même temps que cette loi t'apaise, elle se présente avec toute la légitimité possible.

Ici, on criera immanquablement au narcissisme.

Pourtant, il n'y a pas à craindre qu'une telle prise de conscience conduise à un retour sur soi.

Parce que cette expérience vient d'une communion profonde avec les racines de l'être, la gloire qui pourrait en résulter ne sera jamais recherchée pour un profit personnel, comme un besoin d'affirmation de soi, par exemple, mais uniquement pour la satisfaction éprouvée dans le triomphe de la vérité.

Il n'y a absolument rien de malsain ni de dévié chez la fiancée qui, devant sa glace, se pare de ses bijoux en pensant à l'admiration qu'elle pourra lire dans les yeux de celui qui l'aime.

Il suffit à ton bonheur que tu «sois».

L'attention bienveillante

Il te faut apprendre à découvrir la splendeur des réalités les plus simples :
- la liberté spirituelle ne conduit pas à l'affranchissement des entraves ou à une rébellion contre l'autorité, mais à une exemplaire docilité ;
- toucher une seule fois au bouleversant visage de la Sagesse te libère à tout jamais du besoin de te savoir reconnu et de l'obligation de revendiquer ce droit.

Observe comment, à l'intérieur de l'amour humain, la force d'un unique témoignage peut suffire à générer une paix durable.

La bienveillante attention d'une personne apporte plus de bonheur que l'admiration des multitudes.

Un regard s'attarde sur ce qui est immuable en toi, et tu te retrouves dans le vestibule de l'éternité.

La lumière qui émane de tes racines s'avère plus persuasive et plus comblante que nombre de preuves venues d'ailleurs : celles de tes réalisations, celles des autres qui t'admirent, celles mêmes de l'être aimé qui met sa joie à te contempler.

La certitude d'exister avec tes valeurs inentamables a le pouvoir de te guérir des négations et des refus qui ont pu te déchirer au long de tes parcours.

C'est à ce signe que tu sauras si tu es dans l'illusion ou dans la vérité.

Dans l'illusion, l'oubli ou la malveillance suscitent la révolte, la crainte ou l'indignation : ta blessure s'élargit alors au lieu de se fermer.

Les gisements inexploités

Quand sonne pour toi l'heure du grand tournant, quand, chez toi, le fond de l'être obtient la permission d'émerger dans la lumière, tu n'as plus le choix, tu as le « devoir » d'exiger de tes semblables le respect de ta vérité.

L'affranchissement de la servitude s'opère alors avec tant de calme et de douceur que les témoins du prodige ne peuvent que rendre les armes et acquiescer.

Personne n'a parlé, tout a été dit, l'essentiel est là.

As-tu bien réfléchi à ce qu'on pouvait attendre de toi ?

Quand parviendras-tu à obliger tes semblables à se plier à ta manière de penser, de voir et d'agir ?

Où trouveras-tu la clé pour changer, comme en te jouant, des habitudes jamais remises en question par ceux qui t'ont précédé ?

Étrange expérience que celle où, après avoir été le sujet docile de toutes les formes possibles d'autorité, tu te surprends un jour à imposer à la face du monde, et comme allant de soi, ta propre vision, en n'acceptant pas qu'elle soit contestée.

Cette attitude pourra apparaître comme une suffisance inacceptable, avoir même des allures de rébellion, mais elle ne sera qu'une façon plus harmonieuse de te soumettre.

La manifestation sur tes chemins d'une Sagesse qui n'attend rien en retour du don qu'elle te fait d'elle-même t'amène à un comportement qui a de quoi scandaliser les tenants de la loi et de l'ordre, incapables de s'ouvrir à un mode supérieur de liberté.

Le drame de l'amour

C'est le surgissement du miracle qui t'arrachera le cri libérateur.

C'est un geste de démission qui te reconduira dans les enceintes abandonnées.

En tes profondeurs, des espaces ont été creusés, que ta main ne saurait combler.

La Sagesse est sans attente, et c'est là pour toi un insoutenable défi.

Tu estimais être au fond de la mort, mais à ce moment la consolation prenait patience quelque part en tes abîmes.

Tu avais formé le projet de partir à la conquête des hauteurs illuminées.

Vain mandat ! l'unique condition de l'inexplicable aumône était que tu reçoives ce qui ne t'était pas dû.

Mais confesser ton impuissance s'avérait plus pénible que l'ascension de toute montagne sacrée !

Où est la cause de la tristesse ?

Où est le drame de l'amour ?

Connais-tu l'exultation qui ne ment pas ?

Ici, le sommet n'est pas situé à la cime des massifs.

Le couronnement est dans le secret, au centre, à l'intime.

Il convient que l'interminable fête ait lieu sur ton seuil.

C'est l'endroit qui sied le mieux à sa tranquille majesté.

Sa pudeur seule l'empêchait d'avancer.

Pouvait-elle approcher sans autorisation ?

Que de temps tu auras mis avant de consentir à ses avances !

L'épreuve de la gratuité

Les bouleversements continueront de se succéder aux quatre coins de la planète aussi longtemps que tu n'auras pas atteint la zone immuable de ton être.

Le magnétisme de ta paix doit en arriver à contraindre les multitudes à regagner leur centre.

Ceux qui gèrent les empires ont oublié qu'une icône de douceur valait mieux que la lourdeur des arsenaux.

Sois-en persuadé, soulager la foule des souffrants relève moins de l'impact de tes engagements que de ton «harmonie silencieuse».

Il n'est pas évident à tes yeux qu'au moment où tu cèdes à l'envie de multiplier les efforts tu espères échapper par cet expédient à la redoutable purification qui te fera passer :

- de l'ordre du paraître à celui du devenir ;
- de l'ordre de l'intervention à celui de la transfiguration ;
- de l'ordre de l'efficience à celui du sacré.

Oseras-tu croire qu'il est beaucoup plus important de pacifier ton âme que d'asseoir l'humanité tout entière dans l'harmonie pleine et durable ?

La qualité du rassasiement que tu convoites est située bien au-delà de tes aspirations.

Te ne peux rien mériter.

C'est là l'épreuve de la gratuité.

Sauras-tu l'assumer ?

Quand tu cesseras de pourvoir à ta subsistance, tu recevras le baiser qui te rend à toi-même.

Informé par la plénitude

Quand, dans ton intérieur, il n'y aura plus qu'absence et rien;

quand l'infini lui-même sera simple au point de te devenir imperceptible;

quand tes erreurs et tes faiblesses se verront noyées dans les eaux de la douceur et de la tendresse;

quand tu t'étonneras de ce que le changement et les vicissitudes ne t'atteignent plus;

quand tu pourras avancer sans crouler sous tes échecs et sans en éprouver d'amertume;

quand tes inquiétudes et tes soucis se seront perdus dans l'immobile beauté;

quand toutes ces couleurs d'éternité auront dessiné leurs lignes dans ton visage;

alors, tu logeras à l'enseigne de la lumière.

Il te sera donné de comprendre — et c'est là le plus admirable de ton héritage — que les promesses ne sont pas l'annonce de ce qui doit venir, mais plutôt la description d'un fruit qui, en toi, est déjà parvenu à terme.

Ton imagination avait élaboré une multitude de scénarios d'accomplissement, mais tes rêves se prennent à rougir devant la réalité qui s'amène.

Ce qui jadis pouvait allumer ton enthousiasme viendra désormais t'enfoncer plus avant dans les espaces de la béatitude apaisée.

L'onction et la plénitude seront devenues ta nourriture.

Mirages et réalité

Chez toi, comme chez l'enfant, la moindre promesse allume toutes les étoiles dans les cieux.

Tu es alerté par ce qui te manque, et pratiquement indifférent à ce qui pourrait faire déborder ta coupe.

Ton attention est rivée à tes carences, et tu demeures absent de ton centre où se cachent les surprises de l'être.

Ton évolution consiste à quitter l'univers des manifestations sensibles et partielles pour entrer dans celui du spirituel et du comblant.

Noël laisse sa traînée de nostalgie au cœur de l'adulte que tu es.

Ce qui scintille, tu le sais, n'est pas la perle qu'il te faut trouver.

Les signes et les symboles persisteront sans fin à te décevoir.

La gloire qui miroite à ton horizon et les paradis où tu serais dieu devront être soumis à l'épreuve sévère de la vérité.

Douloureusement, le petit est conduit au-delà de sa naïve espérance.

Il s'attriste quand il se sent appelé à grandir.

De même, tu gémiras en te voyant invité à vivre.

Aujourd'hui, tu es à l'affût des moyens qui te permettraient d'avancer, mais tu as un mal immense à te plier à ta loi de croissance.

Tu tends l'oreille pour saisir, si possible, l'écho d'un monde meilleur, et tu ne reconnais pas celui qui, aujourd'hui, frappe à ta porte.

L'agir immuable

Les peuples recevront la réponse à leur quête quand, par émanation, tes ondes silencieuses parviendront jusqu'à eux.

Le premier des pouvoirs dans l'ordre de la vie ne consiste pas à soumettre les nations, mais à développer tes ressources de douceur, au point où elles puissent neutraliser en les absorbant toutes violences et brutalités.

Les interventions inquiètes de ceux qui s'affairent ne seront toujours que des manifestations partielles et imparfaites de l'agir immuable.

Quand il s'est agi de résoudre ses problèmes, l'homme a eu facilement recours à la dureté et à l'intolérance au détriment de la bonté et de l'innocence, avec cet inavouable résultat que tu préfères aujourd'hui vaincre à force de volonté plutôt que d'envelopper chaque déchirure rencontrée dans les plis de la mansuétude.

Pour savourer sa minute de repos, l'humanité attend le témoignage de ton cœur pacifié.

Un jour, il deviendra clair à tes yeux que ton anxiété et ton trouble sont des désordres plus graves que toutes les affres de la guerre.

De quel remède as-tu besoin ?

Quelle est la nature des prodiges que tu rêves d'accomplir ?

Si tu entends apporter un peu de réconfort à la face tourmentée de notre terre, tu devras accepter que la gestation de la paix universelle ne puisse s'opérer ailleurs que dans ton centre rasséréné.

Ta substance embrasée

Jamais la connaissance n'arrivera à réchauffer l'atmosphère.

Depuis les origines, c'est d'une flamme que l'éclairage est venu.

De même, tu ne peux intervenir dans l'univers de la vie qu'au moyen de ta substance embrasée.

Tu commences à comprendre quand tes yeux apprennent à se baisser, à la manière de la braise qui, sous la cendre, conserve son intensité.

Combien d'intelligences de haut calibre qui, pour avoir voulu mieux ordonner le cours de l'histoire en omettant de se laisser consumer d'abord, ont été contraintes d'aller mendier leurs théories au fond des abîmes et y ont entraîné des multitudes à leur suite !

N'oublie jamais qu'il y a danger à connaître dès que ton centre se refroidit.

Tu as le choix entre une lumière sans chaleur et le bienfait d'une chaleur qui, de surcroît, engendre la lumière.

Toute lumière issue du froid risque de conduire à la mort.

La lumière doit demeurer confinée dans son rôle qui est de servir d'ornement à l'amour.

Le monde aura la chance d'atteindre à sa pleine harmonie non à partir de l'heure où il bénéficiera de la générosité de ton dévouement, mais à la mesure de l'incendie qui te brûle au-dedans.

Excès et excès

Une vie parfaitement encadrée et sans rupture avec l'ordre établi, une existence sans hauts et sans bas peut parfois cacher l'impétuosité d'un incendie majeur.

Les uns iront droit à la lumière sans avoir jamais été touchés par le moindre élément de mort.

C'est après avoir suscité tant et plus d'orages et goûté à l'amertume de la défaite que d'autres iront, avec le même feu que les précédents, s'enterrer vivants dans le silence et la solitude.

L'important ici est moins le chemin par où passe la personne que l'intensité de la flamme impossible à contenir.

Le drame est de pouvoir s'installer à demeure dans le relatif sans avoir jamais à se questionner.

Il y a l'excès dans la déroute, et il y a aussi l'excès dans l'accomplissement.

Il y a le cheminement de ceux chez qui tout est mesuré, calculé, le mal comme le bien, et il y a l'itinéraire de ceux chez qui la démesure est la norme obligée.

Insondables sont les voies de la Sagesse !

Le pauvre qui n'a rien et qui convoite la part du riche est exposé à se voir condamné pour excès de luxe et de possession.

Il y a une façon d'être marginal, voire d'être dévoyé, qui laisse soupçonner la présence d'une quête sans bornes et sans limites.

À l'inverse, il y a une manière d'être fidèle en tout point qui, sous couleur de réussite, peut confiner à la profanation et enterrer dans la mort.

Affranchi de la loi

Tu fais partie d'une espèce pour qui vivre est un labeur sans fin.

C'est en s'amusant que l'écureuil pourvoit à sa subsistance, mais c'est le plus souvent dans les larmes que tu gagnes ton pain.

L'animal n'a aucun souci du lendemain, et toi, tu aspires à recevoir ce qui te manque, sans pouvoir te rassasier de ce que tu possèdes.

L'animal ne connaît ni regret ni culpabilité, mais tu es constamment tiraillé par le remords et menacé de sanctions.

Tu appréhendes l'avenir, tu es à la merci de puissances obscures.

Au jour de ta délivrance, tu abandonneras l'écureuil à sa joie.

Un instinct te sera donné en vertu duquel tu pourras agir en toute liberté au milieu des situations les plus inextricables.

Au terme, un miracle t'attend : tu avais douloureusement accepté de te soumettre, mais voilà que, par un retour inattendu des choses, ton intelligence, loin de vivre sous la férule d'une force étrangère, se voit enfin capable d'œuvrer dans une harmonie et une fécondité qu'elle n'aurait jamais atteintes si elle avait été laissée à elle-même.

Dans l'ordre affectif déjà, la personne qui aime devine et prévient le désir de l'autre.

Ainsi, un vivant est celui qui a appris à circuler au-delà des préceptes.

Tu demeures sous un régime d'esclavage aussi longtemps que tu rêves de te voir affranchi de la loi.

Ton visage de vérité

Il est anormal que tu sois plus sensible à la simple maladie qu'au désastre de ta vie spirituelle.

Il est aberrant de penser que ton intérieur puisse être dans les abîmes alors que tu demeures en parfaite condition physique.

Des légions de témoins ont choisi de se sacrifier pour faire triompher le droit et la vérité .

Le désordre par excellence est bien qu'il t'advienne d'entrer dans l'obscurité sans que ta vue en soit alertée.

On doit intervenir de l'extérieur pour te signaler que tu es dans la nuit.

Le plus grave n'est pas d'avoir tué ton semblable ou dépouillé le pauvre, mais de manifester par de tels agissements que tu étais déjà dans la mort.

Quand verras-tu ton aurore se lever ?

Dans la gamme infinie des vivants, l'homme est le seul à être mal à l'aise avec lui-même.

Au-dessus de lui, il y a les anges qui ont nul besoin de chercher leur identité et leur mission.

Au-dessous de lui, il y a l'animal qui est dispensé de réfléchir pour trouver sa voie.

Quand il s'agit de son vol migratoire, l'oiseau ne perd pas le sommeil pour déterminer le moment où il lui conviendra de partir.

Tu appartiens à une race unique, à une race qui est à l'affût du chemin qu'elle doit prendre et qui peine à le suivre une fois qu'elle l'a découvert, à une race à qui il faut le travail de toute une vie pour savoir de quoi elle relève.

Étranger à toi-même

L'infini est simple.

Ton cœur est compliqué.

Quand tu parles de commandements, tu penses à des normes qui viendraient d'un univers extérieur au tien.

Tu perçois habituellement les préceptes comme une contrainte t'obligeant à immoler ta volonté au vouloir d'un autre.

As-tu jamais connu l'obligation de te conformer à une ordonnance qui ne serait pas déjà inscrite dans ta conscience ?

Une seule injonction t'a été adressée, celle du respect de ce que tu es.

À supposer que, sous menaces de sanctions, un individu constitué en autorité allait t'ordonner de respirer sans discontinuité, il te faudrait lui répondre : « Mais comment pourrais-je continuer d'exister en ne le faisant pas ? Pour moi, omettre de respirer équivaudrait à signer ma disparition. »

C'est dans un scénario identique que tu dois vivre les prescriptions que tu reçois, d'où qu'elles puissent venir.

Quand il t'est demandé de ne pas tuer et d'être attentif aux besoins de tes semblables, il s'agit là d'une simple invitation à reconnaître une loi déjà écrite au fond de toi depuis les origines, une loi que tu risques d'oublier tellement tu es étranger à toi-même.

Si, dans l'ordre biologique, perdre le souffle équivaut à mourir, dans l'ordre moral, agir à l'encontre de tes racines de vérité te conduit à ta perte.

Le tragique est que, si ta mort physique est manifeste, ta mort spirituelle peut passer inaperçue.

La soumission adorante

Quand il n'est partout question que de droits et de libertés, quand partout un esprit de revendication exacerbe la convoitise et l'avidité, le temps semble bien choisi pour inviter à la soumission adorante.

Prête l'oreille au désir qu'enfantent tes espaces d'innocence.

Il te manque cette qualité de bonheur durable où ta fragilité se verrait à l'abri de toute menace.

Tu aimerais t'établir dans une zone d'indulgence où ta conscience inquiète trouverait enfin un oxygène à respirer.

Il y a au fond de toi un impérieux besoin qui refuse de se taire.

Tu pressens l'existence d'un ciel de lumière où ton nom serait écrit en lettres d'or.

Tu surveilles l'apparition d'une beauté capable de te rassasier l'âme d'une joie sans déclin.

Oseras-tu ajouter foi à ton rêve ?

Quand ta gorge s'est desséchée, l'eau est venue te dire que ta soif n'était pas illusoire.

Et quand tu as eu faim, la nourriture a révélé que ton appétit ne t'avait pas induit en erreur.

Ainsi donc, tu pourrais donner raison aux réclamations de l'animal en toi, et tu devrais mettre en doute les aspirations qui viennent de la partie la plus spirituelle de ton être ?

Tes racines d'humanité auraient-elles appris à te mentir ?...

Vaincu par la vie

Tes valeurs spirituelles conscientes sont incapables de te rassasier.

En faire la comptabilité quand il est question de mesurer ton degré d'adhésion à la lumière est un pieux mensonge que tu répéteras sans fin.

Tu demeures impuissant à cerner le visage de cet enfant dont tu subis la gestation.

Que te reste-t-il, si tu es incompétent pour opérer les choix qui s'imposent,

si tu ne te connais pas,

si tu ne t'appartiens pas,

si tes réalisations les meilleures ne sont toujours que des effets secondaires qui, par eux-mêmes, représentent un capital bien relatif ?

Ne serais-tu qu'une marionnette, inutilement agitée, qu'on s'amuse à faire danser en l'absence de témoins ?

De fait, toi dont la vie est tissée de beaux rêves déçus et d'interminables recommencements, tu milites sous la gouverne de ton centre qui t'invite à la plus grande de toutes les réussites, celle qui consiste à te laisser forger un cœur d'où ne pourront sortir que bonté, douceur, bienveillance et indulgence.

Ton être représente trop de valeur aux yeux de la vie pour qu'elle consente à composer avec la médiocrité de tes triomphes et la lenteur de tes parcours.

Si tu étais abandonné à toi-même, tu t'enfermerais dans l'ordre pratique et tu consentirais volontiers à mourir dans tes chemins qui étouffent le jaillissement de l'inédit.

Ta victoire, c'est d'avoir été vaincu par la vie.

Les marches de ton sanctuaire

Il te faudra vivre longtemps avec l'illusion que tes choix et tes efforts sont susceptibles de contribuer à ton évolution.

Tout ce que tu peux changer ne mérite pas d'être comptabilisé.

Tout ce qui est immuable ne saurait être augmenté.

Soupçonnes-tu la présence de cette force inconnue qui s'étudie à t'introduire dans les espaces de l'harmonie totale?

Si, dédaignant la nourriture substantielle qu'elle t'apporte, tu persistes à présider toi-même à l'orientation de tes parcours, elle se fera silencieuse, et la permanence d'un malaise viendra t'avertir que tu profanes les marches de ton sanctuaire.

Rien ne t'appartient: ni la direction de ta trajectoire, ni le fruit de tes efforts, ni l'évaluation de ton propre cheminement.

Le mystère a toujours cette façon scandalisante de se présenter à toi.

Il se dérobe à l'observateur trop paresseux qui refuse de dépasser le voile des apparences.

Il est libre de toute entrave.

Il exige d'être contemplé par le dedans.

Il oblige ton regard à gagner en profondeur.

Il sait bien, lui, que c'est seulement au-delà des couches superficielles que se cache la saveur irremplaçable de la vie.

C'est ainsi que, vu uniquement du dehors, ton devenir, la plus admirable des œuvres, est perçu comme un appauvrissement sans remède.

Ton étoile de joie

C'est un incompréhensible miracle pour toi que de vivre.

Tu en es venu pourtant à ne plus te surprendre de respirer toujours.

À ton avis, une liberté mal éclairée est plus salutaire que les subtils mouvements de la Sagesse.

Tu es une énigme à tes propres yeux.

Et, par tous les moyens, tu tentes de te distraire de toi-même.

Tu t'affoles, car les questions qui surgissent du dedans sont trop vastes pour la capacité de ton esprit.

C'est pourquoi la gérance de ton immense domaine n'a pu être confiée à ton inexpérience.

Cette situation t'insécurise parfois jusqu'à l'angoisse, alors que, bien comprise, elle pourrait devenir la plus belle part de ton bonheur.

Te voilà donc soumis à la discrétion d'une puissance qui gère ton intérieur.

Cette force, tu ne la connais pas, mais elle se laisse deviner par les fruits de transformation qu'elle opère en toi :

- depuis de nombreuses années, tu étais marqué par la crainte, et voilà que, de façon inexplicable, le calme prend place en ta demeure ;
- dans une inlassable quête, tu avais cherché ta voie, et voilà que, dans les sentiers de toujours, apparaît ton étoile qui scintille de joie ;
- tu étais ignorant des chemins de la Sagesse et tu te retrouves soudain installé au foyer de la lumière et de l'amour.

Les estropiés de l'histoire

Ce qu'un peu d'indulgence peut construire avec les déchets de ta vie l'emporte de beaucoup sur ce que ta seule intégrité est susceptible de t'apporter comme satisfaction.

Es-tu certain d'avoir compris la leçon, toi que le zèle a si longtemps consumé ?

Le miracle, à ton sens, est-il situé dans la maîtrise et la mainmise, ou dans ta capacité de faire appel à ce qui se cache de meilleur au secret de l'autre ?

Dominer sur les nations n'est guère plus qu'un jeu d'enfant, mais savoir régner sur son intérieur est un combat de géant.

Si les dictatures ont engendré la souffrance et semé le mépris, c'est que leurs instigateurs n'ont jamais su conduire leur propre vie.

Les grands qui cèdent à leur instinct et consentent à écraser des êtres fragiles sont, en fait, des adultes qui ne sont pas sortis de leurs langes.

Ils sont les estropiés de l'histoire et ne peuvent générer que tristesses et lamentations.

L'ordre et la prospérité qui s'obtiennent en échange du sang versé ou d'une blessure infligée ne sont que lugubre comédie et hideuse beauté.

La moindre conquête qui ne vient pas comme par surcroît d'un cœur en harmonie est dévastatrice, et pour celui qui l'obtient, et pour ceux qui en sont les victimes.

Tu ne saurais influencer positivement les autres si tu n'as pas appris à régir d'abord tes enceintes.

Appétit de domination

Bouleversante constatation! Il y a chez le petit peuple une connivence secrète avec ceux qui l'assujettissent et l'opriment.

Les démagogues et les tyrans n'ont jamais manqué sur la face de notre terre.

Ne va pas t'en étonner : si les régimes totalitaires ont si facilement droit de cité, c'est, à n'en pas douter, que le fait de contempler un simple humain capable de tenir des multitudes sous sa botte est un spectacle de premier ordre au regard de ceux qui voient en cela l'incarnation de leur convoitise inavouée.

Pour avoir le privilège d'admirer pareil tableau, les impuissants consentiront volontiers à se soumettre aux pires humiliations et aux plus lourdes contraintes.

Comme tu as soif de gloire!

Tu souscriras à tout afin de toucher la victoire ou pour t'émerveiller de celles d'autrui!

Quelle détresse peut bien t'habiter, toi qui acceptes de troquer ainsi le baume de la paix contre cette forme de mensonge qui sème à tout vent les larmes et les lamentations?

Avoue-le, tu es dévoré par un appétit de domination.

« RÉGNER », « MAÎTRISER », « SOUMETTRE », occupation prioritaire de celui qui tremble et qui craint!

Mais prends courage, ces triomphes qui font l'objet de tes vœux sont en toi le signe d'une quête spirituelle.

Le douloureux cheminement de toute une vie ne sera pas de trop pour connaître la véritable nature de ton désir et en mesurer l'insondable profondeur.

Habitue ton cœur à l'abondance

Chaque pas que tu fais en direction de la lumière donne à tes œuvres mortes la valeur qu'ont tes actes les plus généreux.

Tes arrières se voient miraculeusement résorbés, puis agrandis à l'échelle de la plus sublime de tes actions, la plus dense et, en même temps, la plus simple et la plus dépouillée.

Toi qui avais toujours vécu sevré de ton héritage, il faudra t'habituer à ce que l'abondance vienne maintenant envahir tes chemins.

À l'ordre du jour, un unique loisir désormais : offrir ta liberté à l'invisible main qui entend conduire ta barque à sa guise.

Quand elle s'introduira dans tes espaces, obtiendra-t-elle l'autorisation de circuler librement ?

Tu accorderas de l'intérêt aux engagements qui passent aussi longtemps que tu n'auras pas été initié à l'engagement qui demeure.

À un regard encore mal éclairé, ce qui, chez toi, pourra sembler une démission est en réalité un geste d'importance capitale.

L'agir qui se confond selon toute apparence avec la paresse et le désengagement est celui qui requiert de toi le plus radical des renoncements.

Il exige en outre un héroïsme sans faille du fait qu'il ne se laisse jamais apercevoir au-dehors et que tu en es le seul témoin.

Cette sorte de purification ne relève pas de ton vouloir, et il arrivera même que, le plus souvent, elle s'accomplira à ton insu.

L'abondance cachée

La tentation est permanente chez toi de chercher à convaincre ton adversaire en accumulant les preuves.

Les mots sont relatifs, «toucher» ouvre les portes.

Que de temps tu auras perdu en écrasant l'autre sous le poids trop lourd de ce qui te semblait être «ta» vérité.

Il aurait été si simple d'accorder plutôt une minute d'attention à la parcelle de bonté qui pouvait respirer en lui.

D'instinct, pour gagner ton semblable, tu as recours à la force de préférence à la douceur.

Il sera toujours plus satisfaisant d'accabler l'autre sous la lourdeur du bon grain que tu apportes plutôt que d'ameublir la terre de son jardin par l'efficacité d'une écoute bienveillante.

Cette tendance à utiliser la force est contradictoire chez des êtres marqués par une incorrigible faiblesse.

Dans ton désir de persuader, tu utilises plus volontiers l'éclairage que la chaleur.

Comment soupçonner que la lumière froide et pure puisse souvent contenir une dose importante de mensonge?

Comment nourrir la prétention d'engendrer les autres à la vie au moyen d'une artillerie de pointe?

Un enfant aura beau être adorable, que pourras-tu pour lui quand son petit corps sera envahi par le froid de la mort?

Dès que tu entres dans l'univers de l'argumentation, tu vides ton interlocuteur du meilleur de ce qui l'habite.

Il te faut apprendre à créer à pleines mains à partir de la pauvreté de ton vécu et de l'abondance cachée de l'autre.

Immergé dans l'indulgence

Tu ne suscites pas la vie en mettant l'accent sur ce qui lui est contraire ou sur ce qui peut la menacer.

Tu l'engendres en immergeant le mal dans l'indulgence.

Autour de toi, on dénonce et on exige, on réclame et on revendique à qui mieux mieux.

Dans un tel climat, autant tu reçois, autant tu t'éveilles à ce qui peut te manquer encore.

On prendra prétexte de ce que l'injustice est partout semée ou du fait qu'on en est la victime pour légitimer la démarche.

Mais il est des espaces plus indiqués pour tes interventions.

Celui qui est dans la mort la reconnaît facilement chez les autres et arrive à effacer parfois les traces de vie qui peuvent s'y trouver.

Celui qui s'éveille à peine aux valeurs spirituelles a soif de voir triompher le bien.

Il signale volontiers l'inconduite et la combat.

Mais le vivant, lui, n'a d'attention que pour la lumière et l'harmonie.

Il les aperçoit partout, alors même qu'elles sont dissimulées au sein du désordre.

En tout lieu et à partir des plus infimes éléments favorables, il les cultive et étouffe le mal dans la surabondance du bien.

D'une mer de désolation, il peut faire surgir un abîme de consolation.

Redoutable alternative

Un seul domaine relève de toi : souffrir de ce qui te manque.

Ta maison est cernée : la douleur de l'amour incompris est là qui veille à ce que ta lampe ne s'éteigne pas.

Ton intérieur est le lieu du monde qui appelle avec le plus d'intensité la guérison, l'indulgence et le pardon.

Comme pour ce qu'il en est de la naissance d'un enfant, l'émergence de ta lumière ne se produira jamais ailleurs que dans une déchirure.

Crois-le, un héritage t'est promis, celui d'une existence nouvelle où l'abondance est de mise, même si tu peux te retrouver, sur le plan matériel, dans une grande indigence.

Une invraisemblable surprise est en attente, celle où il te devient possible de vivre parfaitement affranchi, alors que tu demeures impuissant à secouer tes chaînes et à te défaire de tes esclavages.

Il s'agit là d'une liberté qui doit t'être donnée et qui te permettra d'être roi partout où tu iras.

Aujourd'hui, il t'est loisible de vivre sans réclamer la manne indispensable à ta survie.

Vas-tu consentir à n'avancer que de façon satisfaisante, ou auras-tu l'audace d'exiger que s'ouvrent pour toi les portes de ton sanctuaire ?

Accepteras-tu toujours de te juger indigne de circuler dans les terres qui t'appartiennent ?

Viendra peut-être un jour où le choix s'imposera : il te faudra respirer dans un continuel miracle, ou renier la plus belle partie de ton être.

La certitude et l'impondérable

Une ligne de démarcation est tracée entre deux visions opposées qui s'offrent à toute conscience humaine.

D'un côté, il y a le visible et le mesurable qui forment la base à partir de laquelle chaque valeur doit être définie.

De l'autre, l'impondérable et l'inconnu sont attendus comme une indispensable nourriture.

Dans le premier groupe, on n'accorde aucune chance à l'illusion.

Là, on ne mise que sur le tangible et le solide, sur ce qu'on peut modeler et modifier à loisir.

Ceux qui préconisent une telle vision ne prennent pas conscience qu'en éliminant ainsi tous les risques « possibles » ils optent pour un risque « impossible ».

Le désir profond, l'émergence de la naïveté et le rêve sont impitoyablement balayés par eux du revers de la main.

Ils ne consentent à circuler qu'à l'intérieur des clôtures qu'ils auront édifiées avec soin.

Ils exigent de pouvoir intervenir partout pour opérer les corrections de trajectoire qu'ils jugeraient opportunes de faire.

Chez eux, rien n'est laissé au hasard.

Chez eux, miracle et gratuité sont interdits de séjour.

Aucune ouverture, aucune surprise, aucune espérance.

Ils violeraient leur éthique en avançant sur des chemins qu'eux-mêmes n'auraient pas balisés.

Ils refusent tout droit de passage à l'innocence.

Ils ferment leurs avenues aux visites de l'imprévisible.

Ils n'ont d'espace que pour le limité et l'encadré.

Ils se protègent contre... la vie, la joie et la lumière !

Enfermé dans la mort

Quand il n'est plus d'autre champ d'activité et d'autre lieu d'espérance que le contenu des inventaires, c'est que le cœur est devenu malade à en mourir.

Il voudrait oublier la tristesse de sa prison et être bercé par un éternel roulis.

On lui a interdit de contempler la beauté de l'azur.

Quand l'enfant n'est plus qu'un éventuel rouage au service du progrès, on doit éviter de le suivre dans un univers qui n'aide en rien à l'avancement de la cité.

L'âge du rêve va bientôt finir pour lui, et il devra entrer dans le sérieux du combat, celui où on élève, brique après brique, les murs d'un cachot qui décourage toute espérance d'évasion.

L'existence se réduit alors à additionner et à soustraire !

Quand tous ceux-là marchent sur un sol desséché et qu'ils sont dévorés par la soif, ils se refusent à croire que d'inépuisables réserves d'eau pourraient peut-être dormir sous leurs pieds.

Leur logique est assez simple : si tu ne veux pas être déçu, plonge jusqu'au cœur de la déception.

Là, tu es certain de ne jamais être devancé par elle, puisque tu en auras déjà savouré toute l'amertume.

Elle n'aura rien à t'apprendre, car, avant son arrivée, tu seras totalement immergé en elle.

À la limite, si tu ne veux pas être surpris par la mort, choisis-la délibérément, devance sa visite.

Ainsi, en toute circonstance, rien ne te sera imposé de l'extérieur ; libre, tu seras le seul maître à bord !

L'éclosion du virginal

Que de fois n'as-tu pas ressenti l'amertume de l'échec après avoir rêvé de succès!

Que de fois n'as-tu pas été envahi par la mer du découragement après avoir constaté l'inutilité de tes efforts!

Mais les victoires de la vie pouvaient-elles venir s'inscrire dans la trajectoire de ta générosité?

L'irruption de la lumière peut-elle avoir lieu ailleurs que dans l'humble aveu de ton impuissance?

La gratuité de l'essentiel peut-elle se manifester alors que tu es occupé à engranger sans fin?

Pour que la splendeur de cette aurore jaillisse et te comble, ses assises doivent reposer sur une terre que ton pied n'a jamais foulée.

Son éclosion doit être virginale.

Pour être en mesure de se présenter à toi dans son originalité, ce miracle exige de naître dans ton indigence.

Désolante constatation, avoueras-tu.

Quelque part au fond de toi se trouve un lieu où la richesse de la moisson a anticipé ta stérile agitation.

Un pays t'attend où tout est déjà réalisé, un pays qui, comme contribution, ne réclame que ton émerveillement devant le fait accompli.

Quand cet ordre nouveau choisit de s'installer chez toi, tes greniers sont surpris de contenir bien au-delà de leur capacité.

L'étonnement devient la loi habituelle de ton existence.

La joie s'installe à demeure dans tes celliers.

Les vases éclatés

Il est une loi contre laquelle ta raison protestera toujours : accepter le centuple quand tu as conscience de n'être pas allé jusqu'au bout de toi-même.

Ce régime d'exception se présente sous des traits si neufs et si inattendus que, habitué à t'activer dans l'ordre fonctionnel, tu ne lui accorderas que très difficilement la permission de s'insérer dans tes parcours.

Tu te demanderas si tu es destiné à recevoir une telle visite.

Interroge-toi.

As-tu traversé l'interminable monotonie de ton désert ?

As-tu suffisamment pleuré sur la désolation et la stérilité de tes domaines ?

As-tu appris à lire dans le désordre même du monde, du monde déchiré de guerres et de calamités, le lieu par excellence de l'irruption du prodige ?

Tu ne pourras le faire qu'après avoir vu une incompréhensible paix venir calmer ton propre tumulte.

Ce que tu es appelé à vivre est si grand que tout ce dont tu peux disposer comme espace doit nécessairement se révéler inapte à tant recevoir.

Cette gloire attendue ne peut être contenue que dans des vases éclatés.

Le défi en question est moins affaire d'héroïsme et de fidélité que d'aptitude à accueillir ce que tu n'as pas mérité.

Le bonheur en gestation est trop dense pour que subsiste en toi ce qui est partiel et limité.

Comme un fruit mûr

L'accès au but de ta vie tient en un seul acte de vérité profonde.

Mais, surprise ici : parvenir à cette vérité ne requiert aucun effort, aucun héroïsme de ta part.

C'est donc en vain que tu allégueras une difficulté trop grande pour excuser ton refus d'aller vers la lumière.

Le savais-tu ? Il est aussi facile pour toi de plonger jusqu'au cœur du mystère qu'il ne l'est pour un fruit de parvenir à sa pleine maturité.

Aller jusqu'au bout des sentiers de la vie t'apparaît comme un défi de taille.

Tu t'étudies à éviter cet exigeant chemin qu'est la réussite de ton existence aussi longtemps qu'une force étrangère à toi ne vient pas t'y contraindre.

En fréquentant les enceintes paisibles de la beauté, tu franchis obligatoirement un seuil où le scandale attend de surgir.

Les témoins qui ont marqué l'histoire ont déstabilisé l'ordre établi.

Et il arrive que plus tu pénétreras profondément dans les rouages de l'être, plus la désapprobation te poursuivra et t'atteindra.

Personne ne permettra que tu viennes impunément perturber le roulis tranquille de son habituel cheminement.

Le levain de tes celliers

Il suffit qu'un seul instant de gloire prenne place quelque part en toi pour que tout se trouve accompli.

Il y a, au monde de l'amour,
- une vérité à la fois si simple et si lumineuse que tu mettras bien du temps à la reconnaître et à l'accueillir ;
- une loi si renversante que tu hésiteras à admettre qu'elle puisse avoir été conçue à ton seul avantage ;
- un chemin si facile à parcourir que tu n'arriveras pas à croire qu'il pourrait être le tien :

Tu contemples sans plus, mais l'objet de ton émerveillement puise à une source plus profonde : le meilleur de toi-même.

Tu ignores la densité de ton héritage.

Le plus comblant pour toi sera de constater qu'une genèse s'est effectuée à ton insu, et souvent en dépit de tes résistances et de ton incompréhension.

Admirable économie : tes racines de vérité grandissent dans l'ombre et débouchent en pleine clarté sans attendre ta participation.

Aujourd'hui, tu te désoles de la stérilité de tes champs. Pendant ce temps, un levain fermente dans tes celliers.

À l'heure qui sera la tienne, tu verseras des larmes de repentir pour avoir si longtemps gémi sur ta pauvreté, alors que, pour éclore, la transfiguration n'avait pas réclamé que tu acceptes le bonheur de te savoir possédé.

Ce que tu admires révèle ce que tu es

Rien n'est tien comme ce qui engendre une douleur chez toi au moment où tu en es séparé.

Tu peux vivre des années en côtoyant un proche avec lequel tu entretiens une relation harmonieuse, sans plus.

Le drame suscité en toi par son départ subit traduira la profondeur insoupçonnée du lien qui t'attachait à lui.

Éprouver une joie immense à admirer une réalisation grandiose dans l'ordre de la musique, de la peinture, ou, mieux encore, face à une personne riche d'un précieux capital intérieur laisse entendre que tu es déjà en communion avec ces mêmes réalités.

Cependant, il se peut que des facteurs étrangers s'ajoutent à la cause principale de ta satisfaction.

Or, si tu te désoles de te sentir exilé de ce que tu admires, incapable de t'y plonger, tu possèdes alors non seulement un signe de ta participation à cette valeur, mais la preuve la moins sujette à erreur du fait que cette richesse évoquée est bel et bien partie prenante de ton être.

À une heure de ta vie, tu auras la surprise de te reconnaître héritier de l'harmonie et de la beauté.

Quel bonheur d'apprendre que le spectacle ne représentait pas seulement une œuvre extérieure à toi, mais était une composante essentielle de ton mystère.

L'inentamable unité

Quand tu emmagasines, tu te rapproches de toi-même ; quand la beauté retient captive ton attention, c'est elle qui gagne en ton centre.

Tu t'exposes à être englouti par l'accumulation de tes victoires et la richesse de tes réserves.

Au lieu d'entrer au service de ton harmonie, le grain entassé dans tes greniers risque de te fermer l'accès au mystère.

Tu deviens si facilement l'esclave de tes conquêtes !

Cela vaut pour les biens matériels et aussi pour les biens d'ordre spirituel.

La souffrance de ton inguérissable pauvreté compromet moins ton cheminement que la richesse de ton capital acquis.

Non que ce dernier soit nocif en lui-même, mais la subtile satisfaction qui l'accompagne fait qu'il encombre tes parcours.

Ce qu'un arbre absorbe de lumière par ses feuilles et soutire à la terre par ses racines ne viendra jamais gêner son équilibre.

Un érable ne peut transformer les éléments dont il se nourrit en ce qu'il est, s'il n'est pas d'abord parvenu à une inentamable unité.

Tant que ton intérieur ne sera pas définitivement assis dans la cohésion, tu ne pourras que juxtaposer, jusqu'à la surcharge, des valeurs disparates que tu jugeras pourtant indispensables à ton accomplissement.

Une présence accomplie

Appliquée à ta personne, la loi de l'unité vient perturber l'ordonnance de ton quotidien.

Si tu accédais aujourd'hui à la plénitude de ton capital intérieur, c'est l'univers entier qui, à tes yeux, se verrait rempli de gloire.

Un spectacle porteur d'une exceptionnelle beauté peut à lui seul suppléer à la laideur de tous les désordres ambiants et à la médiocrité de tes parcours.

Une seule note est entendue quelque part dans les cieux, et le monde disloqué se retrouve soudain en totale harmonie.

Trouveras-tu l'audace d'adhérer à ces lois révolutionnaires ?

Parce que tu doutes encore de ton poids de vie, tu ne peux t'aventurer en solitaire sur le chemin de la transfiguration finale.

Descendre jusqu'au fond de ton être et habiter tes espaces de lumière, voilà un défi devant lequel tu hésites.

Il faut te nourrir d'admiration à partir d'une source intarissable.

Tu as besoin d'être d'abord réconforté par une présence accomplie.

Crois-le, ce n'est pas en multipliant les démarches et en amassant un grand nombre d'informations que tu parviendras à l'ultime étape.

Cette façon maladroite d'avancer vers la Sagesse et de construire ton unité te divise et t'éparpille.

Habite avec toi-même

Il existe un nombre incalculable de lois.

La tienne est celle de ta pupille, qui a mission de tout transfigurer.

Dis-moi ce que tu cherches dans les yeux de ceux que tu rencontres.

C'est comme si tu pressentais que d'un seul croisement de regards peut jaillir une richesse qui surpasse tous les biens, un héritage qui pourrait même avoir priorité sur ta personne elle-même, en ce sens qu'une fois découvert il t'arracherait à tes préoccupations et à tes inquiétudes pour t'absorber en lui.

T'oublier en faveur du semblable a toujours été considéré par toi comme une démarche austère, exigeante et laborieuse.

Et pour cause : tu avais été prédestiné à habiter avec toi-même.

Remarque cependant que, à l'intérieur de l'ordre affectif, l'oubli de soi est un mouvement spontané et une source de béatitude.

Tu le soupçonnes, c'est l'infini qui palpite dans l'œil de celui que tu croises en chemin.

Atteindre ainsi une personne jusqu'en son fond de vérité est une expérience qui donne accès à ce qui, depuis les origines, était demeuré caché au fond secret de ton mystère et enfoui aux profondeurs de l'autre.

Contempler un vivant de cette manière, c'est mieux que de le connaître, c'est devenir lui, sans plus.

Dépouillement et ambition

Aurais-tu mauvaise conscience et serait-il trop satisfaisant de vivre en simple accord avec tes racines d'être que tu aies besoin d'emprunter toujours et partout ?

Tu t'épuises à engranger sans mesure et à conquérir sans fin, alors qu'il te suffirait d'ouvrir les yeux et de te laisser informer par ce qui remplit tes horizons.

Il est malaisé de circuler partout en respectant ton capital intérieur qui attend de gouverner ta vie et de le faire avec tellement de sagesse et de doigté !

Ton cœur est ordonné à la contemplation, mais tu demeures si facilement rivé à tes objectifs immédiats !

Ta loi est celle du dépouillement, et tu es avide d'agrandir tes greniers et d'amasser sans trêve.

Dans ton combat en faveur de la lumière, tu te comportes à la manière de celui qui, d'un instrument de musique, s'étudierait à faire sortir le plus de bruit possible, sans en tirer la moindre harmonie.

Tu poursuis ta course comme si tout était en fonction de la quantité, mais le défi consiste à atteindre à plus de qualité.

Tu rêves d'étendre la main sur le sacré, mais sa pudeur t'oblige à garder les distances.

Et si, en agissant de la sorte, il te préserve de la profanation, c'est moins avec l'intention de se protéger lui-même que pour t'éveiller à une forme supérieure de rassasiement, celui qui consiste à laisser la clarté d'un autre univers arriver jusqu'à toi.

Dans le silence de ton sanctuaire

Grandir est ta seule issue.

La réussite menace de te fermer l'accès aux valeurs d'être, les seules qu'il t'importe de cultiver.

Ces dernières se chargeront de donner naissance et de mettre le comble à tout ce que tu voudrais réaliser.

Être contraint de t'arrêter, de demeurer dans l'impossibilité de vaincre t'accule à l'obligation de changer la dynamique de ton combat.

Ton accomplissement dernier ne surgira pas au bout des chemins que tu auras su ouvrir ; il attend de sourdre à partir d'un humus plus profond, il a choisi de t'arriver par un sentier différent.

Tu désires connaître l'avenir, maîtriser les éléments et triompher de tes adversaires, mais rien ne doit être modifié dans tes parcours, aussi longtemps que les difficultés éprouvées n'auront pas rempli leur mission première, celle de te rendre à toi-même.

Sur ta route, si des portes se ferment et que d'autres te semblent inaccessibles, c'est pour t'obliger à pénétrer dans le silence de ton sanctuaire.

Tu envies ceux qui savent se libérer de leurs liens, qui peuvent escalader les montagnes et réduire les obstacles en poussière.

Or, dans la mesure où tous ceux-là atteignent leurs objectifs, ils risquent de ne jamais déboucher sur la voie qui conduit à la victoire essentielle, celle qui consiste à naître à soi-même.

Dispensé de grandir

Tu rêves de voir se lever des figures charismatiques qui, par la magie de leur langage ou la pertinence de leurs interventions, corrigeraient les situations de souffrance dans lesquelles sont plongées tant d'innocentes victimes.

As-tu songé que si tu entretiens une telle espérance, c'est pour toi une façon de te dérober à un devoir plus important qui te réclame?

Tu cherches ainsi à te dispenser d'une obligation beaucoup plus redoutable, celle de croître et de te transformer.

Tu aimerais que tout se réalise par une sorte de continuel miracle.

Or, le chaos n'est pas là « d'abord » pour être réédifié dans l'harmonie, mais il t'invite à mettre en œuvre les ressources dont tu disposes, afin de faire évoluer l'univers par la voie de ta transfiguration personnelle.

C'est par ta croissance et ta capacité de dépassement que tu parviendras à remédier de la manière la plus efficace aux maux qui couvrent la face de la terre.

En t'étudiant à éteindre les feux qui partout s'allument, tu ne pourras toucher que la surface du désordre.

Le défi consiste moins à activer les rouages qu'à te soumettre aux exigences de ton appel.

L'essentielle guérison commence par la victoire sur toi-même.

Crois-le, le reste viendra par surcroît.

En attente d'accalmie

Il t'en coûte d'être allégé du fardeau qui retarde inutilement ta marche.

Tu deviens triste dès que la lumière se met en devoir de donner toute sa splendeur à ton visage.

Mais comment te dérober à l'emprise d'une force qui te tient au-dedans ?

C'est dans un climat de tension et de peur que s'opère la première révolution, mais c'est dans un bonheur apaisé que s'amène l'accomplissement final.

On t'a confié la mission redoutable d'avancer jusqu'au bout de ta vérité.

Tu as été soumis au labeur immense d'atteindre à ta pleine mesure.

Et s'il y a une souffrance dans cette gestation obligée, elle vient uniquement de ta résistance à une beauté qui réclame le droit de naître en toi.

Tu as passé la majeure partie de ton existence à croire que tu étais en guerre contre les autres et contre les événements alors que la cause de tant de conflits était dans le refus de ton devenir.

On t'avait invité à regarder grandir ton blé, mais tu as choisi d'intervenir pour aider sa croissance.

Tu as manqué de foi en la récolte annoncée et, sans discernement, dans une activité fébrile, tu as remué la terre de ton jardin, qui attendait l'accalmie pour te donner du cent pour un.

Tu as étouffé la semence pour l'avoir trop fumée.

Autonomie et dépendance

On a dit de l'homme qu'il était un animal raisonnable.

Toutefois, ce vivant n'est pas à l'image des loups qui ne peuvent survivre en s'isolant du groupe, parce qu'ils seraient condamnés à mourir s'ils ne pouvaient compter sur l'aide de leurs semblables pour mieux cerner leurs proies.

En effet, tu t'étioles en te vouant à la solitude et tu t'épanouis en franchissant les enceintes de la communion.

Le paradoxe est irréductible :
- il t'est impossible d'atteindre à ton accomplissement aussi longtemps que tu n'arrives pas à une totale autonomie ;
- par ailleurs si, à l'encontre des loups, tu as assez d'adresse pour chasser seul, il reste que tu as un indispensable besoin d'être reconnu dans l'individualité de ton mystère.

Comment concilier ces contraires : parfaite autosuffisance et nécessaire dépendance ?

Si tu es dans la lumière, loin de miser sur le recevoir, il te faut aimer au point de trouver le meilleur de ta joie à te renoncer pour l'épanouissement de l'autre.

Tu circules avec un code de croissance qui invite à t'affranchir de toute forme d'esclavage, alors qu'une autre instance, tout aussi réelle et vraie, veut que tu sèches de désolation devant l'indifférence des autres.

Le délaissement et le rejet te brisent, mais tu ne peux établir une relation constructive avec tes proches qu'à partir du moment où tu n'attends plus rien d'eux, qu'à partir du jour où tu apprends que la stabilité de ton bonheur exige que tu l'engendres à partir de toi-même pour lui épargner d'être à la merci des événements et des personnes.

Soumission au mystère

Ton mystère habite des espaces qui te demeureront toujours inaccessibles.

Il est inconfortable pour toi de vivre dans le doute.

Mais lorsque le monde nouveau fera irruption dans tes sentiers, il t'imposera un imprévisible itinéraire.

Toi qui avais espéré la vive lumière, apprends-le, l'évidence te sera refusée !

La certitude, bien sûr, t'apparaît comme une valeur indispensable quand il y va de ta quête essentielle.

Devoir avancer sans bien connaître la voie où tu circules et, plus encore, sans savoir où elle va te conduire est mortifiant à l'extrême.

Serait-il concevable, demanderas-tu, que l'inconnu puisse être le milieu le plus favorable à ma croissance ?...

Dans l'ordre physique, tu ne peux découvrir la couleur de tes propres yeux.

De même, les lignes de ton profil intérieur resteront toujours hors de ta portée.

Sur tous les plans, l'accès direct à ce qui te caractérise au mieux se dérobe à tes atteintes.

Est-ce là une injustice ou une invitation à entrer dans un mode supérieur de perception ?

À ton insu, une multitude de lois ont pris les commandes de ta vie.

Sans exiger d'explications, l'être parfaitement harmonisé et accompli se soumet à un code secret qui le régit à partir de ses racines.

De baume et d'onction

Un vivant n'est pas celui qui avance en direction d'un but à atteindre.

Un vivant n'a cure d'étudier chaque méandre de la route qu'il doit parcourir.

Un vivant fait miraculeusement surgir le chemin sous chacun de ses pas, et la joie qu'il en éprouve est préférable à celle qui lui sera donnée le jour où il touchera enfin au terme.

Cette loi déroutante est inscrite dans tes racines d'humanité.

Mais il te faudra échouer bien souvent dans tes démarches avant de goûter au bonheur de la soumission.

Tu entreras dans le repos et tu goûteras la paix quand ta raison aura appris à se plier docilement aux incompréhensibles tournants qu'une main s'amuse à dessiner dans tes espaces intérieurs.

Avec cet intrigant résultat qu'une béatitude pleine et définitive ne sera vécue qu'au moment où tu accepteras de fermer les yeux pour te laisser conduire à la manière d'un enfant.

Depuis les origines, la connaissance a toujours été considérée comme une valeur de premier plan.

Aujourd'hui plus que jamais, le savoir est devenu un irremplaçable outil de promotion.

Si l'urgence d'illuminer ta voie ne cesse de te poursuivre, de son côté, la vie attend de t'offrir une lumière qui contient et surpasse toutes les autres.

Si ton intelligence est avide d'éclairage, ton cœur, lui, a faim de baume et d'onction.

Les yeux fermés, le cœur ouvert

Avancer sans savoir peut être perçu comme une condition inacceptable si on en saisit mal la richesse cachée.

Est-il possible qu'une pareille obligation puisse être le sceau de la réussite finale ?

Cette loi, loin de contredire le bon sens, vient s'inscrire respectueusement dans les rouages qui président à ton agir profond.

Cette manière inhabituelle de circuler te révèle les aspirations cachées que tu portes en toi, aspirations qui vont à l'encontre de ce que ta raison persiste à te demander.

La Sagesse t'invite à lui faire confiance.

En agissant de la sorte, elle ne fait que se soumettre à ta vérité.

Il t'est pénible d'abandonner les commandes entre ses mains, mais elle attend cet acte de désistement de ta part pour transformer chacun de tes pas en un printemps sans fin.

Tu as trop longtemps bafoué les exigences de tes racines avec ta prétention de vouloir tout mettre à découvert.

Tu immoles si allègrement sur l'autel de l'irrespect le sacré sans lequel il est impossible de vivre et de respirer.

Tu as le désir de répandre partout la clarté, et c'est bien, mais il arrive que, dans cette valorisante entreprise, tes réflexes spontanés prennent facilement le pas sur les privilèges et les droits du mystère.

Tu ne t'es jamais sérieusement interrogé sur ce dont le monde pouvait avoir besoin pour entrer dans la liberté : un témoin qui va les yeux fermés et le cœur ouvert.

Servi par une main invisible

Il te fallait tout perdre au profit de l'unique valeur.

Tu avais pu consommer des montagnes de nourriture spirituelle sans t'interroger sur la qualité de ce que tu absorbais.

Il est impossible pour toi de t'éveiller à la somptuosité des horizons nouveaux aussi longtemps qu'un sentiment de vide n'apparaît pas pour te fermer la porte des chemins qui ne conduisent à rien d'autre qu'à ce qui est déjà là.

Pour atteindre à l'évidence qui libère, tes raisonnements et ta volonté ne sont guère utiles.

Il en est de même pour la morale, qui ne peut aider ta cause et qui viendra tout au plus exaspérer tes faux besoins par les interdits qu'elle t'impose.

Les exemples de ceux qui t'ont précédé sont également incapables d'interroger ta conscience avec une intensité suffisante.

Mais le jour où une force insoupçonnée te présente l'inespérable, tu es surpris par la densité de ce qui t'est offert.

Et le plus admirable en cela est que sa main bienfaisante choisira de demeurer invisible pour te laisser savourer ce dont elle te fait cadeau.

Tu apprécies d'abord le mets qui t'est servi.

C'est bien plus tard que tu penseras à prêter attention à l'origine de l'inestimable substance.

En troisième lieu seulement tu remonteras jusqu'au visage qui, après t'avoir reconnu, a daigné t'éveiller à la profondeur de ta faim.

Esclave de la négociation

Les instants d'exceptionnel bonheur te troublent parce qu'ils t'apparaissent comme des réalités qui ne sauraient durer, comme un bienfait dont tu ne serais pas digne.

Tu as le pressentiment que si tu leur donnes libre cours en toi, il te faudra en payer chèrement le prix.

Tu choisis donc de vivre au rabais plutôt que de t'exposer à subir le poids d'une dette accablante.

Mais conviendrait-il d'acheter tes heures de gloire grâce à beaucoup de générosité ?

Tu es un incorrigible esclave de la négociation, et cette manière de te conduire a semé la désolation jusqu'au fond de tes terres.

Si tu observes ton attitude par rapport aux extrêmes, tu devras avouer que tu préfères un certain milieu, une position de confort relatif à une intensité soutenue.

Le débordement du bien t'effraie tout autant que les excès du désordre.

C'est celui qui a pénétré très avant dans les espaces du mystère qui peut évaluer ce qu'il risque de perdre au moment où la mort vient à lui.

C'est donc dans la mesure où tu es vivant que l'approche de la fin est susceptible de provoquer en toi une détresse sans nom.

Mais ce désarroi, tu l'assumeras volontiers quand une puissante intuition viendra te persuader qu'une richesse plus grande t'attend quelque part et représente un avantage considérable sur ce qui pourrait être exigé de toi comme immolation.

C'est alors que, volontiers, tu consentiras à l'échange.

En manque de tendresse

Une grande pauvreté t'affecte : l'incapacité où tu es de mesurer le poids de la tristesse qui t'habite.

Un drame se joue au centre de ton être : tu ne soupçonnes pas à quel point tu aspires à être consolé.

Tu es victime d'un impardonnable oubli : ton inattention à la présence du remède capable de guérir la plaie vive ouverte au fond de toi.

Tu es coupable d'une grave omission : tu n'as jamais mesuré ta capacité d'accueil.

Tu t'es habitué à vivre au niveau de tes seuls besoins immédiats, mais un secret appétit d'absolu exige que tu dépasses cette borne en deçà de laquelle tu as malheureusement appris à circuler.

Comment peux-tu continuer d'exister sans prendre conscience de ton insondable manque de tendresse ?

Il est difficile d'apporter du soutien à l'être convaincu de nager dans l'abondance.

On ne peut alors que se réjouir avec lui.

Avant d'être en mesure d'accepter un service, il te faut découvrir l'insuffisance de cette part d'héritage dont tu crois te satisfaire.

Tu sembles muni d'une faculté te permettant d'atténuer les manifestations les plus fortes de la vie en toi.

Comme si tu craignais les moments de grande intensité, qu'ils soient positifs ou négatifs.

D'instinct, tu évites de regarder la souffrance, et la plénitude demeure une mer trop éloignée du lieu où tu as fixé ta tente.

La lumière qui t'habite

Au moment où tu trembles à la pensée de perdre ta route, une mystérieuse chaleur te laisse pressentir l'impossible miracle qui t'a prévenu et te force à aller de l'avant.

Tu ne perçois pas ta clarté et tu doutes constamment de son existence, mais tu te surprends à respirer encore, alors que tu erres au fond des abîmes, là où ta faiblesse risque sans cesse de tout compromettre.

Ceux qui demeurent du côté de l'ombre ne soupçonnent pas ce qui pourrait leur apporter la ration à laquelle ils ont droit.

Il y a bien chez eux le vague malaise d'une absence, mais, n'ayant jamais aperçu la face positive de leur être, ils circulent, séparés du meilleur de leur héritage, sans mesurer la gravité de l'injustice qu'ils s'infligent.

Pourtant, cette richesse dont ils sont privés, elle peut les nourrir dès maintenant du seul fait que tu es attentif à celle qui t'habite le cœur et te fait vivre à déborder.

La moisson est abondante, et tu en as plein les bras.

Il y a celle que tu engranges aujourd'hui et il y a celle qui a toujours été là, t'invitant à garder ton regard obstinément tourné vers ton intérieur d'où émane une lumière capable d'emprisonner dans sa beauté toute laideur aperçue.

Tu es constitué juge de l'humanité à partir du moment où tu deviens inhabile à condamner le désordre.

Celui qui, inondé de paix, ne tient plus compte du mal ambiant peut apercevoir, partout présente, la vérité de l'amour.

Dans les enceintes de la vie

Dans tes relations interpersonnelles, les oppositions sont souvent cause de souffrance, mais, au royaume de la liberté, la différence devient l'indispensable condition du bonheur et l'aliment de toute croissance.

Ce sont les irréductibles valeurs des personnes avec qui tu chemines qui t'invitent à exister plus pleinement et t'obligent à « devenir ce que tu es ».

Au lieu donc de les envier ou de leur porter ombrage, tu gagneras à mieux cultiver ton héritage oublié.

À la limite, tu devrais pouvoir affirmer que tu subsistes et grandis grâce non pas à tes victoires sur les autres, mais à la complémentarité qui joue en ta faveur.

Il y a près d'un siècle, une philosophie a rêvé d'assimilation massive en rangeant tous les individus sous la même casquette et dans le même « uni-forme », celui du travailleur.

Rêve infantile que la vérité se refusera à accepter et que l'histoire aura vite fait de démentir.

Il importe de te fixer sur la richesse immuable de l'autre.

Plus tu es capable d'admiration spontanée pour ses réussites, plus tu touches à la maturité.

Plus son capital te mortifie, plus tu t'enfonces dans les eaux troubles.

Dans la mesure où tu t'émerveilles du fait que ton semblable possède des charismes et des biens dont tu es privé, plus profondément tu circules dans les enceintes de l'épanouissement final.

Gémir ou découvrir?

Il y a une façon d'approcher les personnes qui s'apparente à celle dont tu uses avec un instrument qui te sert bien.

Dans le cas d'une dépendance affective malsaine tout comme lorsque tu te sens utilisé à la manière d'un objet, en vue d'un rendement, la nature te parle avec véhémence.

Victime de cette sorte de traitement, tu te sens brisé jusqu'au plus intime de l'être.

Cette douloureuse expérience te dissuade vivement d'agir envers les autres en oubliant le mystère qui les habite, et ces derniers sont invités à te rejoindre dans ce qui est le cœur de ta vie.

Dans tes relations avec ceux qui sont près de toi, il est bien difficile de persister dans une attitude qui serait susceptible de te procurer une satisfaction pleine et permanente.

Si ta béatitude et ta paix exigent de les amener tous à apprécier les mêmes valeurs que toi, tu les prives en cela du plus beau qu'ils auraient à t'offrir.

En effet, si au départ, le meilleur te venait de ce qu'ils pouvaient t'apporter comme réalités spirituelles, au terme, leur pauvreté t'amène à découvrir et à exploiter les réserves de générosité qui, à ton insu, sommeillaient en toi.

À l'image de la femme qui, dans les douleurs, met au monde l'enfant qui sera joie, là où jadis tu n'avais trouvé qu'à gémir, tu t'émerveilles aujourd'hui, tout surpris d'être la source d'une insondable richesse.

Ton être profané

Pour bénéficier de ta valeur essentielle, l'agir des autres ne t'est en rien nécessaire.

Fort de cette certitude, tu ne seras plus affecté dans ton identité quand on t'accusera de toutes les infidélités possibles.

Dès lors, tu n'es plus exposé à osciller sans cesse entre les satisfactions et les déceptions qui peuvent te venir de ceux avec qui tu avances sur le chemin.

Pour ton épanouissement, il suffit de contempler tes proches dans ce qu'ils sont, de les atteindre dans leur vérité profonde.

Tu ne te permettras plus de porter intérêt aux autres pour un profit que tu pourrais en retirer.

Ce mercantilisme viendrait ternir la limpidité de ta joie.

Aussi longtemps que tu as espéré de la reconnaissance de la part de ceux qui t'entourent, tu as profané la plus belle partie de leur être et du tien.

Dans la rencontre avec tes semblables, tu as manqué d'audace en n'attendant pas la permanence du bonheur plein.

Si tu doutes que cette exigence soit celle qui s'impose impérieusement à toi, prête attention au malaise ressenti quand tu es approché non pour toi-même, non pour ce que tu es, mais pour les biens que tu possèdes ou pour les services que tu peux rendre.

Ici, et mieux encore que dans l'ordre affectif, ta réaction risque d'être virulente et d'engendrer un sentiment de révolte.

Dépendance et dépendance

Ta paix va demeurer fragile aussi longtemps qu'elle sera liée à l'attitude du prochain à ton endroit.

À tout moment de ton itinéraire, tu as été sujet à devenir tour à tour victime d'une excessive générosité ou la proie d'une mortifiante indifférence, d'un accueil enthousiaste ou d'un rejet sans recours.

Tu consentiras à tolérer ce régime instable aussi longtemps que tu ne seras pas éveillé à une capacité de rassasiement sans limites, celle que ton cœur appelle aujourd'hui, sans oser te l'avouer ouvertement.

Le mystère de la communion a inscrit en toi sa trajectoire et à une si grande profondeur que tu éprouves un vertige dès que tu consens à te reconnaître comme habité par lui.

La dépendance malsaine est une torture de tous les instants, et pour toi qui la subis, et pour l'autre qui aspire à ta présence pour en faire sa pâture.

À l'opposé, la dépendance essentielle libère et celui sur qui pèsent des attentes maladives, et celui qui réclamait d'être comblé en enchaînant son vis-à-vis.

Tu n'as donc plus le choix : il te faut vivre en étroite relation avec les personnes et apprendre à te nourrir de cette joie immuable que tu puises dans ta propre source.

Le désagrément ressenti en présence de ceux qui, inquiets, se reposent uniquement sur toi pour respirer est un avertissement qui t'est donné.

Tu es invité par là à faire disparaître une note discordante qui étend partout un voile de tristesse.

La législation nouvelle

Te voilà revêtu d'une énergie nouvelle.

Elle te précède en tout et, sur elle, tu n'exerces aucun pouvoir.

Le propre de ce souffle venu d'ailleurs est de te surprendre sur tes positions.

Quand il se lève, il t'a gagné à lui avant que tu aies réussi à te ressaisir.

Te voilà prévenu par une liberté qui n'est pas la tienne, et tes résistances tout comme tes incompréhensions ne pourront qu'intensifier ta souffrance sans faire entrave à son action.

Te voilà devenu la proie d'une autre lumière qui va crucifier la convoitise de ton regard en même temps qu'elle dilatera ta pupille intérieure.

Il faut te soumettre à un code différent de celui auquel tu as toujours obéi.

Dans ton centre, une révolution s'est opérée dont tu ne saurais mesurer l'ampleur.

Les éléments d'une irréductible autonomie s'installent pour ne plus être remis en cause.

Un univers que tu n'as pas appelé fait irruption en toi.

Tu l'apprends, tu es né avec, au cœur, une quête qui n'acceptera jamais de trêve.

Ton esprit demeure confondu et muet devant l'émergence de ce monde sans paroles et qui répond pourtant à de si nombreuses questions.

C'est avec beaucoup de réserves que tu consentiras à te plier au contrôle de cette législation inédite.

Délesté de tes préparatifs

Dans un premier temps, tu as cru que tes pieds étaient conçus pour circuler sur des routes rectilignes et bien balisées.

Mais voici qu'une voie s'ouvre devant toi, où il n'y a plus d'indications.

Désormais, c'est à coups d'aile que tu te verras lancé dans des directions imprévisibles.

Pour avancer, il s'agira moins d'effort et de prudence que de souplesse et de disponibilité.

Il te faut emprunter à l'oiseau la joie qu'il éprouve à inventer chacun de ses tournants.

Pour faciliter son vol, il a reçu des os qui sont vides.

De même, ton intérieur devra être délesté de tout ce que tu auras pu acquérir ou construire.

Le dépouillement dont tu as été capable jusqu'ici se révélera toujours être une préparation bien incomplète quand il s'agira de relever le défi qui t'attend, celui d'orienter tes pas vers le pays de la lumière.

Il ne convient pas que les espaces créés en toi relèvent de ta contribution : ils appellent l'intervention d'une autre main que la tienne.

Tu en viendras à semer l'étonnement chez ceux qui cheminent à tes côtés.

Lorsque tu vivras avec une satisfaction pleine un quotidien tout aussi aride et terne que le leur, ils seront fascinés par l'inexplicable paix qui t'habite.

Cette force tranquille qui n'est pas de toi, il est bien normal qu'ils ne puissent la comprendre, quand toi, qui la vis, tu as déjà tant de mal à y voir clair.

L'impossible mariage

Tu avais toujours attendu l'approbation de ceux qui t'entourent pour céder à un mouvement que toi seul pouvais reconnaître et accueillir.

Tu le devines, les témoins de la révolution en cours ne sauront que s'apitoyer devant ce qui aura à leurs yeux les allures d'une défaite.

Tu avais rêvé d'un possible mariage entre tes désirs et la bouleversante expérience qui vient d'éclore en toi.

Mais cette osmose n'était que mirage.

Les deux univers vont demeurer d'irréconciliables adversaires.

La vie de l'un devient la mort de l'autre.

C'est la rupture, en effet, qui doit présider au commencement nouveau.

Sans quoi, tu te verrais limité à de simples corrections de trajectoire.

La Sagesse exige de construire sur les fondations qu'elle seule est capable de poser.

Tu te retrouves aux confins d'un abîme.

Tu hésites à te perdre dans l'envergure de cet océan qui t'appelle et se garde, tu le sais, de te révéler toute sa profondeur.

Tes approches devront être vaincues, terrassées.

Elles persisteront à renaître sans fin et, n'arrivant jamais à comprendre, elles s'obstineront à marcher selon les lois laborieuses qui sont les leurs, celles du labeur acharné et de l'humiliante servilité.

L'aliment de ta fête

Tu as toujours négocié avec l'amour pour conserver un peu de latitude à ta fausse liberté.

Ton champ de manœuvre s'est peu à peu élargi en empiétant sur les espaces du sacré.

Pourtant, ton fond de vérité ne peut tolérer la présence de l'inutile.

Et en même temps, tu es bien incapable de bannir de ta vie tout ce qui l'encombre sans raison.

Sans cesse, l'amour devra faire appel à une sorte de violence pour se dire à toi.

En réalité, son objectif n'est pas de faire maison nette.

Cette façon mécanique de liquider les problèmes cadre bien mal avec l'aisance et la douceur de la Sagesse, autre nom de l'amour.

Cette Sagesse s'emploie à cultiver le bon grain dans la joie et ajoute à son bonheur en dansant autour du feu où elle consume ton ivraie.

À son image, il te faut non seulement baigner dans une fête continuelle, mais obliger tout ce que tu rencontres à devenir la nourriture de ton rassasiement.

La Sagesse possède l'étonnant privilège de pouvoir arriver à ses fins sans triompher de personne ni de rien.

La Sagesse célèbre sans cause.

La Sagesse est à elle-même sa propre jubilation.

Tu as un symbole de son exceptionnel charisme dans un visage rayonnant de santé qui, en souriant, te force à l'accueillir.

Cette surabondance de joie contemplée est pur débordement et elle t'invite à déborder.

Régner sur l'amour

Ce qui te fascine dans la Sagesse, c'est sa capacité de s'engendrer à partir d'elle-même.

Cette faculté lui confère un irrésistible pouvoir de séduction.

Et il y aura pour toi autant de bonheur à céder à ses instances qu'elle pourra en éprouver à te gagner à ses invitations.

Il n'est pas, dans l'ordre humain, de plus attachant miracle dont tu puisses être à la fois et le témoin et le lieu d'accomplissement.

Ton cœur apprendra-t-il à se dégoûter de ses propres victoires?

Ton cœur n'a qu'un rêve : celui d'être reconnu comme vainqueur de l'amour.

N'a-t-il pas toujours eu l'intuition qu'il était roi?

Aujourd'hui, ce titre devient pour lui un droit de nature.

Sa mission – il en reçoit l'évidence – est de régner sur l'amour.

Son combat consiste à mettre l'amour à ton service, à assujettir la faiblesse infinie de l'amour à tes impératifs.

Le plus pur de l'amour ne peut convoiter que le triomphe de la soumission.

Et c'est quand l'amour est ainsi subjugué qu'il se révèle dans toute sa grandeur et dans toute sa beauté.

On a voulu te faire oublier que tu étais le maître de l'amour.

Et tu as renoncé à cette prétention.

Précédé dans ta demeure

Le jeune enfant est en quête d'attention de la part de ceux qui l'entourent.

Le jeune adulte rêve d'actions d'éclat pour donner la preuve de sa valeur.

Le vieillard, quant à lui, sèche d'esseulement et d'ennui dans sa cage dorée.

Susciter l'intérêt des autres, voilà tout l'homme !

Le Sage est celui qui, ayant été reconduit dans ses espaces intérieurs, y découvre un capital inespéré et en arrive à l'évidence que cet héritage, partout présent, féconde les humains, même à leur insu.

Demeurer à l'affût d'une source dont la limpidité n'est pas ternie est l'indice d'une coupe remplie d'innocence et de clarté.

La plus belle des lumières est celle où tu peux vivre rassasié avec un strict minimum, demeurer dans la pénombre en acceptant d'asseoir tes convictions sur un simple signe.

Faire confiance à l'inconnu n'est pas seulement une disposition qui favorise la recherche ; c'est ton accomplissement final, la preuve du fait que ton centre est devenu un immense grenier dont le contenu déborde sur le monde.

Tu persistes à convoiter la reconnaissance de tes semblables.

Tu cherches à intensifier l'éclairage.

Mais il s'agit moins d'accumuler les certitudes que de te nourrir de ce qui dort dans les zones vierges de ton être.

Tu l'apprends avec stupéfaction : tu n'avais jamais été le premier occupant de ta maison !

Voudrais-tu expliquer l'inexplicable?

Tu attends le miracle qui permettrait à tes yeux de s'ouvrir enfin sur le rassasiement qui ne déçoit pas:
- celui où ta vie, semée de tristesses, deviendrait capable d'engendrer le bonheur pour autrui;
- celui où ta conscience, écrasée sous le poids du mal qui t'habite, verrait les digues de la bonté se rompre pour t'installer dans les racines de la paix.

Ton accomplissement n'est pas du domaine de ce que tu peux réaliser; il exige d'être reçu.

Et, pour durer toujours, il lui faut reposer en d'autres mains que les tiennes.

Sois sans crainte, les satisfactions relatives finiront un jour par te dévoiler leurs réserves de larmes et te manifester l'insuffisance de leur contenu.

C'est de cette manière qu'ils viendront te confesser leur mensonge.

Ce n'est qu'après avoir parcouru tous tes chemins d'obscurité que pourra naître en toi la face invisible du réel.

Évite les démarches inutiles: ici le langage des mots est inopérant.

Abandonne aux «raisonneurs» la tâche ingrate d'expliquer l'inexplicable.

S'ils y trouvent leur joie, qu'ils poursuivent leurs requêtes et leurs conquêtes.

Ton seul argument à toi, c'est l'intraduisible expérience de la lumière qui illumine ton cachot.

Le jour où tu ne chercheras plus d'explications, tu auras commencé à vivre et à respirer.

Quand ton intérieur crie sa faim

Parce que l'enfant est appelé à grandir et à s'enrichir d'une multitude de connaissances, il n'est qu'ouverture au merveilleux, il se laisse bercer par les rêves que tu lui racontes et il s'engage avec imprudence dans ce qu'il n'a jamais expérimenté.

Si tu aspires à pénétrer dans ce qui t'apparaît aujourd'hui comme irréalisable, il faut te rendre, toi aussi, libre pour l'avènement de l'impossible.

Imagination et poésie que ce beau discours, me diras-tu ?

Vas-y voir, c'est là tout l'homme !

Ce n'est pas en vain que la monotonie t'est si lourde à supporter.

Ce n'est pas en vain que, depuis toujours, ton intérieur crie sa faim.

Une réalité doit devenir ton pain, celle d'un « mirage » plus réel que tes évidences et tes convictions.

Tu manques de fidélité envers toi-même dès que tu hésites sur le seuil de l'inconnu.

Tu es autorisé à forcer sa porte, et c'est par effraction qu'il convient d'entrer chez lui.

Tu ne peux approcher que d'une seule table, celle de l'inaccessible et de l'impensable.

Tu es en retard sur la vie aussi longtemps que tu te satisfais de ce qui s'amène et de ce que tu as pu construire.

«Oublié! Mot terrible»

Le fait d'être oublié est pour toi un drame plus poignant à vivre que celui du rejet ou de la persécution.

L'hostilité de tes semblables te prouve au moins que tu existes, puisque tu peux leur nuire ou les contrarier.

«Je nuis, donc je suis.»

Mais l'oubli te donne le sentiment de compter si peu que pas un humain ne daigne prêter attention à ta présence.

Te voilà identifié au néant.

Ne pouvoir te reposer dans le regard de personne: quel drame!

Ne pas être pour un autre, c'est cesser d'être pour toi-même.

C'est comme si ton existence ne t'appartenait pas et qu'elle devait trouver sa confirmation dans l'accueil d'autrui, ou son effacement dans l'indifférence des autres.

Si grande soit-elle, une beauté qui a besoin d'approbation se transforme en laideur et devient une sorte de phénomène contre nature.

Ton ciel regorge de splendeurs, mais ton œil sera toujours seul pour les admirer.

Il te faut parvenir à cette évidence où, affranchi de tes entraves, libéré de toute loi, tu plonges au cœur de toi.

C'est par le biais de la transparence que tu pourras atteindre ta vérité.

Le fruit de la sève

La loi qui préside à ton agir est là, et si belle que jamais ton imagination n'avait réussi à en décrire la majestueuse prestance.

Le pari n'est plus de produire ni même de donner naissance, mais de te percevoir toi-même comme le fruit parvenu à sa pleine maturité.

Ce terme ultime aura exigé que tu meures à tes récoltes, à ce que tu possédais, et aussi à ce que tu croyais être.

En attendant cette heure de la manifestation glorieuse, tu ne sauras que fuir l'invitation, en ayant bien soin de couvrir tes dérobades des couleurs de la générosité et du dépassement.

Pour te livrer, il te fallait comprendre.

Mais pour comprendre, tu devais être immergé dans une qualité de paix dont tu ne pouvais pas soupçonner la valeur et qu'il t'était par conséquent impossible d'appeler.

Quand une emprise souveraine étendra sur toi sa main, tu reconnaîtras que seule la vie pouvait être autorisée à te conduire jusqu'en ses enceintes.

Il y a l'engagement qui est le fruit du vide et de la frayeur, et il y a l'engagement qui est pur fruit de la sève intérieure.

Des années-lumière séparent ces deux univers.

À partir du moment où tes racines auront été le théâtre de cette révolution, tout sera accompli, et pour toi et pour cette multitude dont tu avais le souci.

Existences transfigurées

Le pouvoir, le savoir et l'avoir n'ont rien à voir avec tes racines de vivant.

Tes amitiés, tes affections ou tes amours sont une nourriture impropre à remplir l'abîme qui n'a pas été creusé au fond de toi par ta main.

Inguérissable malaise : tu as été construit pour recevoir infiniment plus que tes latitudes ne te permettent de contenir.

Ton erreur ne consiste pas à utiliser les biens qui sont à ta disposition, mais à leur confier une mission qu'ils ne pourront jamais remplir : celle d'imposer silence au cri de ton être.

Une évidence te crève les yeux : tu es un assoiffé, et l'eau te manque étrangement.

L'histoire est peuplée de témoins qui t'invitent à croire qu'un miracle de vie veut naître de toi.

Un jour, à l'improviste, un voile s'est déchiré devant eux.

En un instant, leur intérieur s'est miraculeusement élargi et les a rendus capables d'un infini qu'ils n'avaient jamais pris au sérieux.

Tout comme toi, ils s'étaient étudiés à contempler la beauté et à s'en nourrir, persuadés que leur mandat se réduisait à cela.

À l'heure du grand retournement, ils ont eu la surprise d'apprendre qu'eux-mêmes avaient toujours été observés par cette même beauté.

Ils leur suffisait d'en prendre conscience pour que toute leur existence se révèle transfigurée.

Ton centre affamé

Tu as une inaptitude congénitale à entrer chez toi.

Ce n'est que par le désarroi, l'insatisfaction ou la révolte – révolte ouverte ou refoulée – que tu parviendras à jauger l'insatiable appétit qui te brûle.

Tu es à ce point étranger à toi-même qu'au cours de ton itinéraire tu persisteras très longtemps à croire que tu pourrais rassasier ton désir d'absolu à l'aide de ce qui est partiel et en misant sur ce qui doit disparaître un jour.

L'immuable et l'éternel sont la substance de ton menu quotidien.

Mais tu devras goûter à la déception amère des perpétuels recommencements et savourer une singulière dose d'amertume avant de consentir à orienter ta quête dans une autre direction.

Ta pauvreté consiste avant tout à faire la sourde oreille aux signaux que te transmet sans relâche ton centre affamé.

L'heure de ta délivrance va sonner quand tu auras le courage de donner raison à la vérité de tes racines, elles qui, de mille façons, te répètent que tu es en manque de toi-même.

Il y a en ta personne, tu le pressens bien, un océan qui se refuse à être contenu entre tes propres rives.

Quelqu'un a bien parlé du «silence éternel des espaces infinis», mais ce vide sans fin est lui-même trop restreint pour pouvoir loger ce dont tu as besoin pour vivre.

Les exigences de bonheur qui circulent dans tes veines sont intolérantes; elles n'accepteront pas que tu les oublies.

La lumière presse ta porte

Aussi longtemps que tu travailles à remplir par toi-même ta coupe, ce qu'elle peut t'offrir se révèle incapable d'étancher ta soif.

En y approchant les lèvres, l'insuffisance de son contenu se manifestera.

Salutaire malaise qui vient t'interpeller quand tu cèdes à la tentation d'être infidèle à un « plus » que tu portes en toi.

Tu es désorienté quand le bonheur fondamental juge bon d'installer sa tente tout près de ta demeure.

Tu te surprends à refermer les portes de la lumière lorsque, sans avertissement, elles daignent s'offrir à ton regard.

Le combat à livrer est pour toi celui où tu dois donner prise aux valeurs que réclament tes espaces de vérité.

Accepter ce verdict serait déjà le commencement de ta délivrance.

Tu as cette chance inespérée de ne pouvoir échapper à la bouleversante fécondité de tes racines.

Ainsi es-tu miraculeusement protégé contre la lâcheté qui te guette, comme un fauve, sa proie.

En te dérobant, tu te prives de l'essentiel et tu empoisonnes l'éphémère dont tu voudrais te rassasier.

Tes faux-fuyants se transforment en un sentiment de vide qui peut confiner à l'insupportable.

Il ne te suffit pas d'être comblé : il te faut déverser sur le monde ta surabondance.

Ta coupe doit être pleine au point de noyer ton propre désir.

Cela, jusqu'au jour où l'ordinaire et le mesuré te laisseront dans une totale indifférence.

Refus de la récompense

Il existe un univers où le travail et la peine refusent la récompense.

Un jour, toutes les moissons qui auront levé au bout de ton champ devront être abandonnées là.

Si, aujourd'hui, il est désolant pour toi d'immoler le fruit de tes travaux au profit de la vérité, tu seras alors le premier à oublier tes victoires pour la joie de contempler la beauté dans sa limpide innocence.

L'humanité a tellement tardé à sortir de l'ombre !

Le fait est normal, car, dans la mesure où une œuvre est parfaite, sa gestation met du temps à s'accomplir.

Combien de « millénaires » mettras-tu encore avant d'accueillir le contenu de ton héritage ?

Difficile vocation que celle où il t'est demandé de « respirer » à la façon de l'enfant au sein de sa mère !

Tu dois être initié au mystère de la paix, et il n'est rien d'aussi étranger à l'agité que tu es.

Tu n'y arriveras jamais à coups d'effort.

Ici, l'unique manière est de consentir, et cette exigence est déstabilisante au possible.

En dépit de leur caractère irrévocable, les retournements majeurs, dans tes parcours, revêtiront très rarement à tes yeux la couleur d'un miracle.

Depuis toujours, un ordre de choses dormait dans le silence de tes profondeurs, mais c'est imperceptiblement que ta faiblesse devra en accepter la surabondance et la gratuité.

Appel

Apothéose et recueillement

Tu es dans la situation de celui qui, n'ayant jamais vécu sur la terre, y arriverait par une nuit d'orage.

Impossible pour cet individu de soupçonner qu'au matin une aurore, chargée d'espérance et lumineuse comme un regard d'enfant, va succéder aux ténèbres et à la foudre.

C'est de la même manière que tu assisteras à l'avènement de l'autre clarté qui, en toi, sera victorieuse de toute obscurité.

Sois-en persuadé, c'est la surabondance de la vie, et non l'endurcissement du cœur, qui aura raison de la mort.

Ton cœur n'est pas construit pour vivre à coups de certitude et d'évidence.

La Sagesse t'invite à partager la beauté de son univers.

Elle t'autorise à inventer la vie.

Elle désire te voir dessiner le profil de la joie sur ta ligne d'horizon.

Tes racines viendront remettre en question tes choix quand ils manqueront de générosité.

Une voix venue du dedans te répète que des espaces sont là où se côtoient dans l'harmonie
- l'immense et l'infime,
- la majesté et la candeur,
- le sublime et l'innocence,
- la grandeur et la simplicité,
- le grave et le joyeux,
- l'apothéose et le recueillement,
- l'activité suprême et le repos.

Saisis par ta propre vie

En faisant revivre devant un vaste auditoire les péripéties d'une rencontre amoureuse, un homme et une femme incarnèrent si bien leurs rôles respectifs qu'ils se sentirent soudainement épris l'un de l'autre en pleine représentation.

En véritables artistes, ils étaient entrés jusqu'au fond de la tragédie qu'ils interprétaient avec un tel accent de sincérité que l'assistance en fut bouleversée.

Les spectateurs ignoraient que, sur le plateau, les deux acteurs étaient devenus passionnés l'un de l'autre.

Les applaudissements fusèrent, mais les personnages-vedettes demeuraient fixés au centre, captifs de ce qu'ils venaient de découvrir.

En touchant l'essentiel et, sans l'avoir prémédité, ils avaient porté l'accidentel à son comble : l'émerveillement de l'assemblée.

En se laissant saisir, ils avaient, par surcroît, tout fécondé autour d'eux.

Si tu allais « devenir ce que tu célèbres » ?

Si tu allais être pris au jeu de la vie ?

Si tu allais être soulevé par l'envergure de tes gestes ?

Si tu allais être emporté à une profondeur insoupçonnée par la moindre de tes actions ?

Si tu allais être inondé des eaux vives au plus aride de ton désert ?

Si tu allais être subitement dépassé par ton propre capital et voir chaque jour les réalités les plus banales ouvrir inopinément sur l'absolu ?

Si tout allait s'accomplir sans toi ?

Invité à la danse

Le plus infime des actes de vie est reçu en tout lieu comme en sa demeure.

Il ne change rien à l'ordre établi, mais renouvelle tout et travaille sans bruit.

Sa tranquille arrogance, loin d'éveiller la suspicion, te force irrésistiblement et le cœur et la main.

C'est lui qui vient tout parfaire, et le plus infime de ses dons a des airs de couronnement.

Inutile démarche que de faire les présentations : ne l'ayant jamais vu, tu le reconnais d'emblée.

Il est chez lui en tes espaces, et tu te retrouves chez toi dans les siens.

Il t'arrive avec sa belle aisance, et sa liberté te gagne à sa danse.

Les actes de vie ont charmante allure : ils inventent leur code de route et leur emploi du temps.

Soumis à la loi, ils circulent, ignorant la contrainte à l'intérieur de ses exigences.

Leur dignité impose le respect, tout en invitant à une indicible familiarité.

Sans effort et sans rien brusquer, ils se jouent des obstacles.

Ils disposent d'un étonnant charisme, celui d'établir la communion entre les opposés.

De la dissension et de la dissonance, ils savent tirer des harmonies sublimes.

Dans l'onction de leur présence, blessures et déchirures s'endorment et rêvent, dispensées d'avoir à chercher le pourquoi du phénomène qui les traverse et les guérit.

La répétition qui ne lasse pas

Les actes de vie réjouissent et immunisent contre le mal et la mort.

Ils s'amènent avec grâce, et leur naïveté n'infirme en rien leur puissance et leur majesté.

Leur gestation est lente, comme si façonner leur beauté était pour eux suprême loisir.

Que d'obligeance! ils apparaissent à la manière du fruit mûr qui s'offre pour te rassasier et se détache pour te dispenser d'avoir à le cueillir!

Leur dignité subsiste intacte quand ils viennent s'inscrire dans la médiocrité de tes chemins.

Répétés sans fin, ils évitent l'insignifiance et la banalité.

Sans changer de visage et sans changer de langage, ils t'immunisent contre l'ennui.

Les actes de vie sont vrais et, par leur seule présence, ils désamorcent jusqu'à l'ébauche du mensonge.

Ils sont pétris de douceur et ils résorbent toute contestation.

Ils n'agissent pas en vue d'un objectif: ils jaillissent et ne sont là que pour eux-mêmes.

Et c'est bien en cela qu'ils t'attachent le cœur et te ramènent à toi-même.

Ils ne sauraient prétendre à aucune influence et, sans y manquer, ils transfigurent ce qu'ils atteignent.

Ils s'attirent la reconnaissance dans la mesure où ils se veulent absolument gratuits.

Ils sont effectués uniquement pour aujourd'hui, mais, une fois accomplis, ils te marquent à jamais.

Quand les belligérants s'agenouillent

Les gestes maladroits du tout jeune enfant sont infiniment plus riches d'invention et de beauté que les réalisations les mieux orchestrées.

Les actes de vie engendrent le bonheur chez ceux qui les produisent, en dépit d'une souffrance imposée[1] qui rend plus attentif à leur densité.

Ils allument des feux de joie dans les yeux de qui les contemple et leur propre visage s'éclaire d'avoir ensemencé la lumière.

Ils donnent plus de satisfaction à ceux qui les sèment à tout vent qu'aux heureux bénéficiaires de leur débordement !

À la vibration de leur pas, les armes apprennent à se taire et les belligérants s'agenouillent, impuissants.

Leurs ondes silencieuses informent tout autant les bien disposés que les récalcitrants désireux de se dérober à leur salutaire influence.

Ils ont reçu l'autorisation de s'infiltrer dans les zones cachées de ton être et d'atteindre jusqu'à tes racines avant que tu songes à te protéger.

En constatant que ta demeure a été violée, ton exultation signera volontiers l'ampleur de leur victoire et ta paradoxale liberté.

Avec eux, chaque mouvement s'accorde à la plénitude.

Par eux, toute fécondité devient miraculeuse.

Scandale d'efficacité : un seul acte, le plus simple, et tout est accompli !

---

1. Dans le cas de la naissance, par exemple.

Tressaillement d'espérance

Le mystère te parle.

Ne joue pas à l'indifférent, tu es sensible au plus infime de ses messages.

Il t'arrive parfois d'être traversé par un inexplicable mouvement de joie.

C'est le souffle secret de ton mystère qui monte alors du fond de ton être.

Comme les bourgeons qui éclatent au soleil du printemps, tu te surprends à naître de toi-même.

Aux moindres sollicitations de la lumière, il y a une part de toi qui répond avec vivacité : « Me voici ! car c'est moi que tu interpelles ainsi, n'est-il pas vrai ? »

Le côté bouleversant de cette expérience est dans une certitude inébranlable que cette communication s'adresse à toi personnellement.

Ici, l'appel et la réaction révèlent en toi non un indigent qui aspire à la possession d'un bien dont il serait injustement privé, mais un être accompli qui reconnaît d'emblée sa nourriture et son climat.

À l'évidence, la mort n'est pas ton milieu de vie.

Étonnante vitalité de ton attente !

Jamais de relâche dans cette voie qui doit te conduire au bout du chemin.

En dépit du fait que tu es constamment assailli de menaces à peine voilées, tu es débordant d'une espérance qui t'engendre à la joie.

Quelle est donc la nature de cette force qui œuvre au-dedans de toi ?

La fête au matin

Chaque jour te place devant un choix inéluctable :
— celui d'endormir ton espérance, ou bien de faire surgir la splendeur sous chacun de tes pas ;
— celui de te durcir dans l'austère combat, ou bien de construire de vastes routes pour laisser la joie nouvelle y courir en toute liberté ;
— celui d'avancer sur un chemin semé d'impasses, ou bien de permettre à la Sagesse d'arrêter sur toi son regard ;
— celui de gémir sur les malheurs du temps, ou bien de t'émerveiller devant le champ immense de la consolation que la terre appelle de tous ses vœux ;
— celui de t'inquiéter de savoir s'il y a assez de provisions dans tes greniers, ou bien d'accepter qu'à l'occasion de ton arrivée la fête éclate au grand jour.

Au risque d'en être scandalisé, apprends que le désordre du monde n'est qu'un minuscule grain de sable en comparaison de cette alternative devant laquelle tu te trouves.

Tu n'arriveras jamais à apaiser la douleur des héritiers de la tristesse si tu n'as pas appris d'abord à guérir ton mal intérieur en lui fournissant la réponse qu'il espère.

Ne t'étonne pas si ton défi est perçu comme aberrant par ceux qui sont attentifs aux seuls dehors de la coupe et se détournent du mystère.

N'en doute plus, le rêve fait partie de ta substance.

Chaînes de liberté

Le rire des enfants se révèle comme étant le dialecte le plus près du parler de l'éternelle Sagesse.

La lumière du jour t'apparaît soudain comme la messagère d'une autre clarté.

Les chaînes de toujours se présentent maintenant comme des chemins de liberté.

Les écailles tombent de tes yeux.

L'envergure de ton centre hérite de l'ampleur des espaces sans fin.

Tu n'aurais jamais pensé que l'absolu pouvait être si simple à rencontrer !

On te certifie que la douceur est là, quelque part, comme une mer sans rivage.

Tu distingues, venant tu ne sais d'où, les accents d'une fête qui, d'incompréhensible façon, t'invite au recueillement et à l'adoration.

Le cœur qui, jusqu'alors, s'était reconnu si craintif se retrouve avec les audaces de l'infini.

L'expérience est si près de toi, elle est si paisible et concluante que tu as la conviction de l'avoir engendrée.

Une touche mystérieuse vient soumettre à un nouvel examen le scepticisme tranquille dont tu avais voulu faire preuve.

Voilà que tu deviens plus attentif à la phalange des êtres marqués par une inviolable sérénité.

L'inespérable se profile, dans l'ombre d'abord, avant de te dévoiler peu à peu la touchante beauté de ses traits.

Compte les étoiles

Dans ta faiblesse, tu ressens un impérieux besoin d'être réconforté par une harmonie visible et tangible.

Mais as-tu songé à la « gloire immobile » qui sommeille en attendant que ton repos l'éveille ?

Elle espère le jour où elle pourra partager avec toi le diadème qui sied à l'intérieur de l'être.

Plus les exigences se font pressantes et plus les épreuves se multiplient, plus aussi la Sagesse t'invite à fixer ton regard sur l'indéfectible et joyeuse lumière.

Tu es si étranger aux chemins de la liberté que, pour parvenir au terme, tu as misé moins sur la joie que sur la souffrance et la générosité.

Pourquoi avoir donné une si large part à ton courage au détriment de l'innocence ?

Pourquoi as-tu appréhendé le jugement et la condamnation en oubliant que la fête était déjà commencée ?

Est-ce là l'ambiance dans laquelle se plaît à grandir l'enfant, lui qui est image débordante de ce que tu es appelé à devenir ?

Si ton pauvre cœur ne se nourrit pas de façon constante à une limpidité sans fond, tu resteras bien mal préparé pour soutenir le combat qui t'est proposé.

On t'a parlé des méfaits d'un engagement sans amour.

Mais que dire du visage d'un amour incapable du sourire d'effusion ?

Tu n'es pas un esclave réduit à la corvée, mais un simple dont la mission est de compter les étoiles qui s'allument au paradis.

L'innocence comme auréole

L'Amour quelque part a parlé.

Tu l'as entendu, ton visage en a été changé.

Ton pays est devenu le «neuf».

Tes soirs et tes matins ne sont plus que perpétuels commencements.

Tes chemins débouchent dans le virginal où nul vivant n'a circulé.

Tu accèdes aux espaces d'une beauté qui jamais ne fut contemplée.

À ta surprise, la vie n'est plus que jaillissement d'inédit.

Personne ne te prendra désormais à répéter.

L'invention est le nom nouveau qui t'échoit en partage.

Chacun de tes mouvements reçoit l'innocence comme auréole.

Cet inexplicable univers, tu n'avais pas à le conquérir, mais à le reconnaître sans plus.

Tu le constates maintenant, la naïveté était là depuis le premier jour et c'est aujourd'hui qu'elle émerge de tes profondeurs.

Tu assistes à une sorte de naissance qui confère à la rigidité de tes parcours une souplesse semblable à celle des membres du tout jeune enfant.

Te voilà devenu pure genèse, toi qui avais cru devoir tout mériter.

Quand la somptuosité de la noce est offerte avec autant de gratuité, tu boudes les pénibles acquis du laboureur.

La fécondité festive

Tu avais intensément cherché dans l'intention d'arracher à la vie son secret.

Mais la réponse que tu devais recevoir était loin de ce à quoi tu pouvais t'attendre !

À ton heure, un poids de gestation t'entraînera de façon irrésistible du côté de la fécondité festive.

Ton labeur a été devancé : on n'exigeait de toi que d'assister à l'irruption de la source et d'accueillir la gratuité de son débit.

Il te faudra céder à l'insistance d'une voix infiniment respectueuse qui t'invite au repos.

Le cœur doit être visité d'abord, puis éduqué, avant que l'intelligence soit réconciliée.

Vient dans ton itinéraire ce tournant où tu choisiras de t'engager non plus à cause des besoins qui sont partout criants, mais parce que tu seras dans l'impossibilité de contenir plus longtemps ce qui, en toi, demande à naître et à grandir.

L'hirondelle s'affaire à la construction de son nid non pour imiter celles qui s'adonnent à la même occupation, mais à cause d'une vie nouvelle qui bouge en son sein.

Jusque-là, elle virevoltait dans le ciel pour son plaisir ou pour happer au passage les maringouins ; maintenant, c'est ce dont elle est porteuse qui la pousse à agir.

Voilà pourquoi son œuvre est si admirablement belle, et son indispensable travail s'accomplit dans la joie.

Savoir et naïveté

La bienséance avait toujours exigé qu'on ne danse pas lorsqu'il n'y avait pas raison de le faire.

Mais interroge-toi à savoir de quelle justification la Sagesse pourrait avoir besoin pour accéder à la célébration continue, quand c'est à cause d'elle-même que la fête s'instaure.

Disons mieux, elle n'est pas seulement celle qui engendre la fête, mais elle en est la substance et le lieu.

Comme s'il suffisait à une personne d'esquisser un simple pas pour que la musique et les chants lèvent de partout et entraînent la foule dans la kermesse.

Pleins feux sur le paradoxe : l'univers dans lequel baigne cette Sagesse, instance du plus haut savoir, est celui du jeu, de l'innocence et de la naïveté.

Il est dès lors compréhensible que tu éprouves une difficulté à te plier à son étrange rituel.

D'abondantes réserves de générosité t'auraient permis de traverser l'épreuve d'une grave injustice.

Tu avais su trouver une joie de grande qualité à te dévouer sans relâche en faveur des mal partagés.

Mais accepter, à titre de norme habituelle de ta vie, d'ouvrir les mains et de recevoir ce que tu n'as jamais pensé à réclamer, ce défi est trop nouveau et contraire à la perception que tu as de l'héroïsme pour que tu consentes à y entrer sans plus.

Encore mal initié au monde de la gratuité, tu flaires la venue d'une déception qui pourrait survenir à l'improviste.

Le bonheur simple

Tu es une terre d'où un miracle jaillit jour après jour.

En toi, la vie fait irruption.

Tu demeures sceptique face à la gratuité, et cette attitude s'explique, la conquête ayant toujours été ton lot.

L'aurore s'amène pourtant chaque matin sans que tu l'appelles.

Tu agis à l'encontre du mouvement de la sève qui monte en toi.

Tu tentes de poser ta main sur le mystère et de le soumettre à ton empire au lieu de t'en remettre à ses bons soins.

Ton maladif besoin de voir, de sentir et de maîtriser te prive du bonheur simple et du repos auxquels tu aspires.

Des années d'inutile labeur te seront nécessaires pour te rendre compte que ton appétit de connaître et de comprendre est précisément ce qui te maintient dans la nuit.

Il est en toi une force cachée qui attend de se mettre à ton service.

Mais il t'est pénible de lui faire pleine confiance et de t'abandonner à elle !

Pourtant, elle est seule capable de te conduire à la source que tu convoites.

Elle est à l'œuvre alors que tu ne soupçonnes même pas sa présence.

Elle travaille à ton achèvement au moment où tu doutes de son efficacité silencieuse.

Tes instants de lumière

Comme ils sont éphémères, tes printemps !

Tes inventions ne seront toujours qu'une forme déguisée du vieillissement.

Tes heures de lumière sont suivies d'une solitude dont le tragique est inversement proportionnel à la beauté des espaces traversés.

Tu es si fragile ! Tu passes, éphémère, comme ce monde où tu circules.

La somme de tes connaissances et de tes expériences est orientée vers la dissolution.

Tu ne doutes pas que la fin t'attend au bout de ta route et, par tous les moyens en ton pouvoir, tu tentes d'éviter cette rencontre.

Tu fréquentes les frontières du « non-être ».

Conscient de la menace, oseras-tu espérer encore la levée d'une lumière permanente et l'existence d'une loi destinée à remplacer le code de la peur ?

Si, dans l'ordre biologique, tu as toujours avancé en direction d'une inéluctable vieillesse, voici l'heure où l'enfance n'est plus derrière toi mais te précède sur le chemin.

Le vieillissement passe à l'arrière, et chacun de tes mouvements te plonge plus avant dans les couches profondes de l'innocence.

Ta naïveté ne fait pas que revivre, elle gagne en limpidité.

L'invasion glorieuse

Un grief qui revient souvent sur tes lèvres est celui où tu constates qu'il n'y a rien de neuf, rien de nourrissant et que tu es condamné à rester toujours sur ta faim.

La vérité se situe pourtant à l'extrême opposé de cette affirmation.

Il arrive qu'une telle densité de messages te sont transmis que tu dois prendre un peu de recul devant ce qui s'amène.

Comment comprendre que tu puisses trouver matière à désolation et sujet à impatience là où l'envergure et la profondeur de la fête dépassent ta capacité d'accueil ?

Si tu étais le moindrement attentif, ton malaise consisterait plutôt à ne pouvoir assimiler l'abondance qui t'est offerte.

Il t'est pratiquement impossible de te dérober à ta mission première.

En effet, tu es si démuni que tu dois te confiner à un rôle unique, celui de recevoir, celui de te prêter à une transfiguration qui s'opère à partir de ton intérieur.

Mais accepter cette tâche, apparemment trop facile et taillée à ta juste mesure, est bien la mission la plus difficile qui puisse t'être confiée.

Tu avais rêvé de transformations notoires, tu avais perçu le progrès spirituel comme une continuelle ascension vers les sommets, mais quand la main de la vie t'approche, tu es saisi par la spirale du désistement.

Dès que ton pied commence à fouler les enceintes de la lumière, le mouvement de toute conquête s'inverse : il te faut apprendre à céder à l'invasion glorieuse.

Es-tu un élu de l'affranchissement?

Ce n'est pas ce dont tu t'affranchis qui te rend libre, mais ce à quoi tu adhères.

C'est là que s'inscrit le tournant décisif d'une trajectoire.

Ce n'est plus en renonçant douloureusement à tes attaches, en te séparant avec peine de tout ce qui est derrière toi que tu pourras entrer dans les chemins promis.

Quand le fruit s'amène, c'est que la sève a déjà commencé à circuler sous l'écorce.

Quand la liberté éclôt chez toi, c'est que tu viens d'être visité en tes espaces intérieurs.

Quand tu vois les chaînes tomber de tes mains, c'est le signe que la Sagesse a choisi de demeurer chez toi.

Avec quelle intensité aspires-tu à d'autres latitudes?

Évalue ta capacité de déception chaque fois que tu tentes de te satisfaire d'un bien relatif.

Il est une catégorie d'humains qui ne consentiront jamais à vivre incarcérés.

Tout se révolte en eux dès qu'on ose porter atteinte à l'originalité des traits qui façonnent leur visage, dès qu'on s'autorise à les distraire de l'objectif qui est le pôle unique de leur existence.

C'est par la souffrance ressentie en acceptant de te satisfaire de ce qui est partiel que tu peux mesurer si tu as été construit pour boire à une coupe débordante.

Si tu ne connais pas ce malaise, tu supporteras de vivre dans un demi-sommeil sans parvenir à l'inconditionnel rassasiement.

Es-tu un élu de l'affranchissement?...

Le miroitement des promesses

Remarque avec quelle facilité les signes les plus discrets de la vie viennent t'arracher à tes préoccupations, voire à tes angoisses.

Toi qui as vécu tant de désillusions, toi qui as été traversé par tant de déceptions, comment expliquer que le scepticisme n'arrive plus à t'effleurer?

Ne serait-il pas normal qu'après tant de déboires tu sois devenu réticent devant le miroitement des promesses?

Mais non! dès que la moindre indication te vient d'un horizon de rêve, tes racines s'éveillent, tout se ranime en toi, tu te sens revivre, la tristesse eût-elle jusque-là accablé lourdement ton âme.

Sans contredit, vivre est ton pain!

Tu ne comptes plus les voix qui, inlassablement, ont répété la rengaine, à savoir que l'espérance était une manière de fuir les responsabilités.

Et on est revenu à la charge en te disant qu'elle était une façon subtile de te consoler des échecs subis et de ton impuissance à soumettre les autres à ta volonté.

Aussi bien dire que le chevreuil assoiffé fuit les pâturages quand il cherche un point d'eau.

Lorsque ta fleur, laissée dans l'ombre, dépérit et puis relève la tête dès que tu lui fournis la lumière dont elle a besoin, l'accuses-tu de lâcheté pour n'avoir pas eu le courage d'affronter la mort en demeurant dans la nuit?

Tu penses plutôt que la clarté est indispensable à sa survie.

L'espérance est ton climat, l'espérance est ton milieu, l'espérance est ta respiration.

Rassasié de ta substance

L'espérance n'est pas un simple sentiment de réconfort à la pensée qu'une réussite est là quelque part pour toi.

Surprise ! l'espérance n'est pas un acte qui porte sur l'avenir.

L'espérance parvenue à sa pleine maturité est moins une « tension vers » qu'un « repos dans ».

L'espérance n'est qu'un reflet de ce que tu vis déjà.

Dans l'ordre normal des choses, il est pénible de devoir être séparé de ce que tu convoites.

Mais dans la mesure où ton désir se spiritualise, il s'identifie à ce que tu es.

« Espérer, c'est être. »

Quand tu deviens conscient que l'objet de ton espérance n'est qu'une expression de ton capital intérieur, tu te détaches de l'image pour te rassasier de ta substance.

Bien souvent, avoir nourri l'espérance d'un grand bonheur aura été plus comblant pour toi que d'y entrer au moment où il s'est présenté.

Quelle révélation ! c'est ta vérité profonde qui t'interpelle.

Tu manquerais donc gravement de respect envers toi-même si tu te refusais à cette abondance qui sollicite la permission de t'envahir aujourd'hui.

Accorde-toi un peu de relâche : la joie viendra guérir tant de souffrances inavouées !

Et si des motifs de tristesse demeurent dans ta vie, tes larmes de consolation, elles, sont là pour ne plus jamais te quitter.

Le profil du bonheur

Il y a, cachée en tes espaces, une loi en vertu de laquelle il t'est loisible de transformer tous les vieillissements subis en un acte de continuelle naissance.

Cette loi explique pourquoi tu réagis avec tant de vivacité à tout ce qui s'apparente à un commencement et à ce qui te parle de promesses et d'accomplissements.

Tu as une telle horreur de ce qui est condamné à ne pas grandir que la moindre évocation d'un changement suscite ton adhésion, même si tu sais que ce changement est illusoire.

Toi, pourtant si familier des déceptions, toi, devenu si méfiant face aux protestations de fidélité de tes semblables, toi, soumis à la tentation de te fermer à jamais pour avoir accordé trop facilement ta confiance aux autres, voilà que ton espérance renaît avec force dès que se dessine sous tes yeux un mirage de bonheur.

La vérité de tes racines refuse de se laisser enfermer dans le visible et le concret.

Il y a plus qu'un lien de parenté entre ces réalités qui bougent à l'horizon et le plus vrai de ton être.

Une évidence s'impose à ton attention : ce que tu aperçois, ce qui captive ton intérêt, ce que tu envies, ce sont moins des biens susceptibles de te combler qu'un capital dont tu disposes déjà et qui, comme un enfant dans le sein de sa mère, s'active par moments pour te signaler avec joie sa présence.

Il suffit d'un simple rappel pour que ton mystère, endormi dans les limbes de ton inconscient, s'éveille et t'invite à vivre avec une intensité nouvelle .

L'étonnant pouvoir de la promesse

Le langage de l'être se garde bien d'éveiller l'attention des distraits, des repus et des endormis.

Survient dans tes sentiers le tournant où ce qui t'est promis est cause d'une satisfaction plus grande qu'un bonheur acquis.

Ausculte ton intérieur et jettes-y la sonde : immanquablement, la résonance te laissera percevoir un vide douloureux, impossible à gommer avec le seul cumul des rassasiements que tu convoites.

Il y a là, caché, un appel qui ne consentira pas à se taire, une ouverture sur l'infini dont un nombre infime de quêteurs peuvent soupçonner l'existence, l'envergure et l'intensité.

Cette parole essentielle que tu portes au meilleur de toi, le scepticisme du monde ambiant n'arrivera jamais à la bâillonner.

Si tu es tenté de céder à la pesanteur du doute et de l'universelle négation, si tu cherches à remplir cette béance inconsolable avec tes conquêtes, tu te condamnes inévitablement à recevoir une double part d'amertume.

Tu t'actives depuis longtemps à réparer tes erreurs et à fuir les chemins de la souffrance.

Aujourd'hui, ta loi première ne doit plus consister à éviter le pire, mais à obliger tes échecs eux-mêmes à se mettre au service de ta croissance.

Crois seulement qu'il t'est loisible de donner naissance à l'impossible et ta vie deviendra un continuel enfantement.

La hardiesse aveugle

Ce qui s'ébauche à peine pourrait-il représenter une valeur plus grande qu'un fruit parvenu à sa pleine maturité ?

Il y avait bien longtemps que le cœur te parlait d'une certaine hardiesse aveugle, mais durant combien d'années tu auras refusé de lui prêter attention ?

Un jour est venu s'ajouter à cette invitation le témoignage d'une multitude de vivants qui avaient donné une réponse affirmative à cette voix.

Ils avaient eu la générosité de donner naissance à ce qui, depuis les origines, avait été refoulé dans la partie la plus obscure de la conscience humaine.

Il leur était devenu impossible de résister plus longtemps à une sorte de folie qui, jadis, s'était toujours présentée à eux sous les apparences d'une maladie qu'il importait d'éliminer.

L'heure vient où l'imprudence ne consiste plus à espérer avec trop de naïveté, mais à opposer une fin de non-recevoir aux aspirations qui se font jour.

Observe ce qui se passe dans une famille à l'arrivée d'un nouveau-né.

Jamais ce dernier ne pensera à secourir ceux qui l'entourent.

Au contraire, il n'est que besoin et dépendance.

Quel paradoxe et quel scandale : il féconde le bonheur des autres dans l'exacte mesure où il n'est préoccupé que de lui !

Il a pour seule ambition de se nourrir, de fermer les yeux en oubliant tout le monde et de croître sans même avoir à s'en soucier.

Ton capital de déficiences

Es-tu disposé à entrer dans la surabondance ?

Plus l'amour est vrai, plus il met sa gloire à obliger l'autre.

Un amour qui ne se ferait pas l'esclave de ceux qu'il aime deviendrait indigne de lui-même.

Que devrais-tu penser d'un amour qui domine, d'un amour qui ordonne, d'un amour qui s'impose ?

L'amour n'intervient pas à coups d'obligation et de directive, mais en multipliant les attentions et les prévenances.

L'amour est riche au point où tu peux te présenter à lui avec ton « capital de déficiences ».

De quelle sorte de poids fait-on usage dans cet univers créateur de liberté ?

Ici, il faudra t'habituer à recevoir dans la mesure où tu auras moins mérité.

Moins tu comptes de réussites à ton actif, plus tu as de droits acquis.

C'est l'importance de ta dette qui prépare la densité de ton héritage.

Tout ce qui appartient à tes semblables devient ton exclusive propriété.

C'est vers toi, le mal nanti, que sont tenus de venir, pour être comblés, ceux dont les mains sont remplies.

À l'indigne que tu es revient le privilège d'être servi en premier.

La porte ne sera jamais plus large ouverte que pour un être ayant ignoré l'invitation inlassablement répétée.

Les couleurs de ton héritage

Où est-elle donc cachée, aujourd'hui, ta joie ?

Où brille-t-elle maintenant, ta lumière, limpide comme le cristallin de l'œil d'un enfant ?

Où se font-ils entendre, à cette heure, les échos de la danse qui se joue au creux de ton être ?

Le silence et le respect sont les attachantes couleurs de cet héritage inédit.

Ce qui s'opère dans l'ombre échappe à ton langage.

Cette gestation glorieuse ne pourra jamais se traduire autrement qu'en symboles.

Quand le visage de la vie s'amène, tes horizons habituels subissent une transformation qui les rend méconnaissables.

Quand l'essentiel changement est à l'œuvre quelque part, tout s'apaise, tout s'immobilise, tout se tait.

La plus généreuse des fécondités se fait infiniment discrète.

Le plus beau de ton accomplissement se dérobera toujours à l'irrespect de tes investigations.

Il convient que cette germination s'effectue au seul niveau de tes racines.

À peine quelques signes fugitifs apparaîtront-ils en surface.

Tu as beaucoup de mal à distinguer la vie de ce qui en est la simple évocation.

Le fruit n'est pas l'arbre ; il révèle que l'arbre est vivant et que la sève court sous son écorce.

Les espaces insoupçonnés

Il te faut cesser de gémir sur le peu de lumière et de substance que tu reçois et attendre sagement qu'en toi, année après année, l'arbre mûrisse tranquillement son fruit.

C'est ta faiblesse qui impose à la plénitude de se tenir à distance.

Comme on se garde d'offrir à un nouveau-né le solide qui lui serait dommageable, il arrive que l'essentiel doive se protéger contre ton irrespect, aussi longtemps que tu demeures inapte à l'approcher : laisse-le à lui-même et prosterne-toi devant lui.

Ton incoercible voracité et ton impétueux désir de connaître ont toujours eu couleur de vertu, voire de grandeur d'âme à tes yeux, mais ils ont plus souvent été une forme camouflée de mensonge et une quête de satisfaction pour ton « moi ».

Il ne faut pas en conclure que tu n'as aucune aptitude pour la contemplation.

Qu'il te suffise de réfléchir à ce que tu peux éprouver de satisfaction lorsque, par exemple, tu te trouves face à l'immensité de la mer, sous un ciel étoilé, devant l'écureuil qui saute allègrement sur les branches.

Observe bien qu'alors tu ne ressens aucunement le besoin de faire tiennes ces réalités qui t'ouvrent, et de façon si comblante, sur des espaces insoupçonnés.

Ces images, choisies parmi tant d'autres, te laissent entendre que tu n'es pas ordonné à la seule consommation de ce qui passe et que tu es disposé à entrer spontanément en adoration au moment où le fond de ton être est remué par l'évocation de terres inconnues.

Le premier des langages

Rêveur de gloire !

Tu scrutes l'horizon, comme si ton front était en quête d'un diadème qui lui aurait déjà appartenu.

Mais les valeurs de vie ont une prédilection pour l'ombre et la discrétion.

Une main respectueuse attend que tu déposes les armes afin d'assumer la relève et pour réussir, de royale façon, là où tu as échoué.

Les chercheurs qui fouillent le cosmos ont repéré l'inimaginable grandeur des galaxies bien avant de toucher à ce qu'ils désignent aujourd'hui sous le nom de «trous noirs», sources lointaines d'énergie dont la gravité est forte au point d'empêcher la lumière de s'en dégager.

Pourquoi ce qui s'offre à ton regard a-t-il préséance sur ce qui pourrait te combler sans retour ?

Pourquoi les satisfactions immédiates ont-elles pour toi plus d'attrait qu'un bonheur non mesuré ?

As-tu éprouvé un sentiment de honte en te surprenant à prêter plus facilement attention aux importants faits d'armes qui ont jalonné l'histoire qu'à l'émouvante beauté d'un enfant pauvre ?

Quand tu embrasses ceux qui te sont chers, tes pupilles s'éteignent pendant que tes lèvres sont en interdit de parler.

Dès que tu accordes à tes racines la permission de se dire, tes sens, saisis de respect, se refusent au flamboiement de ce qui passe.

En cela, comprends que le silence de tes profondeurs est le premier de tous les langages.

Entre chez toi

Il est comblant de suivre la trajectoire d'un oiseau qui vole, même s'il ne porte aucune attention à ta présence.

Une valeur est sûre quand elle n'a que faire de l'approbation ou de la contestation du milieu ambiant.

La somptuosité du soleil couchant t'invite moins à le contempler qu'à fermer les yeux.

La perception du beau ne peut que te reconduire en ta demeure.

L'astre est à lui-même et rien qu'à lui.

En ne prêtant aucune attention à ta présence, il te répète : «Entre chez toi et vis de ta propre essence. C'est là seulement qu'à mon image tu pourras rayonner, réchauffer et féconder.»

Devant la richesse du décor, ton intérieur se voit reconstruit dans la paix, et tu n'attends pas de l'astre qu'il apprécie le regard admirateur que tu portes sur lui.

L'essentiel est allergique à toute forme de possession ; il se refuse obstinément à être utilisé.

Te mettre au service de tes semblables n'exige pas que tu sortes de ta maison.

Accepte le paradoxe : tu ne parviendras à prêter main-forte aux mal partagés de la terre qu'au jour où tu auras réintégré tes enceintes pacifiées.

Tu approcheras le malheureux avec une efficacité sans faille à partir du moment où tu seras devenu respectueux de ta propre vérité.

Les signes dévitalisés de la communion

Rien comme ton harmonie retrouvée pour que toute réalité s'habille avec un visage adorable et béatifiant.

Devant un spectacle d'extrême désolation, ton admiration peut et doit jaillir, incoercible.

Il y a ceci de terrible : les gestes de la communion, en l'absence de ce qu'ils sont appelés à manifester, ne demeurent pas simplement neutres.

Ils engendrent le contraire de ce qu'ils signifient.

Ils deviennent plus mortels et dévastateurs que la pire des persécutions ouvertes.

Les signes de l'amour, si riches et si nombreux soient-ils, sont voués à la stérilité et à la destruction si l'expérience de base ne précède pas l'acte extérieur pour l'informer.

Dans cet ordre, sans l'essentiel, l'abondance passe immanquablement au désastre et à la consternation.

Quand c'est le fond qui manque, la tentation te guette de multiplier les rites dévitalisés de la charité au lieu de réanimer le feu qui seul peut donner à la vie de naître et de grandir.

Le déracinement intérieur dont tu es victime t'empêche de percevoir la vibration en toi d'un courant de vie dont tu as un si indispensable besoin.

En dernière analyse – il te faudra le reconnaître –, chaque fois que tu es descendu jusqu'aux portes de l'enfer, c'est dans la mesure où tu étais séparé de toi-même.

Un jour, une morsure au-dedans viendra t'annoncer que le retour vers ton centre a déjà commencé à dessiner sa trajectoire.

L'initiative essentielle

Rien de fascinant comme une éclosion de vie!

Tu n'as pas découvert le monde de la liberté aussi longtemps que tu n'apprends pas à susciter partout le commencement.

Il faut t'enfermer désormais dans ce que tu qualifiais jadis de routine.

Quand les recommencements deviennent fastidieux et lourds, c'est que tu es mûr pour faire apparaître les espaces de vie.

Tu dois faire en sorte que tout soit continuelle innovation dans les chemins où il n'y a pourtant que du déjà vu et du déjà vécu.

Sans gestes et sans mots, tu rafraîchis les traits de ce qui s'obstine à ne pas changer.

Tu convertis les lieux de la mort en terres de renaissance et de feux nouveaux.

Chaque année qui vient s'ajouter à ton existence est à vivre comme une aurore plus chargée d'espérance que la somme des printemps de rêve que tu as connus dans le passé.

Tu te rapproches de l'initiative essentielle.

Quelle est la raison pour laquelle tu t'attardes avec autant d'intérêt au récit des origines?

C'est qu'au-delà de la poésie et du merveilleux la façon de tout accomplir à partir de rien te parle de cette aptitude devenue tienne qui consiste à insuffler la présence et la chaleur dans ce qui a visage d'absence et de froideur.

Tu te sens habilité à agir de la même manière.

La preuve en est qu'à la seule évocation de la création première tout s'allume dans ton regard.

Paradoxes

Étonnantes vérités :
- tu peux vivre en état de constante admiration devant une singulière beauté en demeurant à demi conscient de ce qui t'advient ;
- tu peux faire l'expérience d'un bonheur profond en nourrissant la conviction que ton existence est terne ;
- tu peux être noyé dans les eaux tièdes de l'indulgence en même temps que tu te sens accablé par le poids inacceptable de tes lâchetés ;
- tu peux connaître la tristesse alors que tu allumes une interminable fête pour les témoins de ton cheminement ;
- tu peux circuler dans les sentiers de la Sagesse au moment où tu as la sensation de côtoyer la mort.

À la limite,
- tu peux avoir la certitude d'entrer dans la mort en subissant l'invasion de la vie ;
- tu peux recevoir la surabondance de ton héritage tout en prenant conscience de ton extrême indigence.

Ces paradoxes prendront place dans la mesure où tu manques de présence à toi-même.

Sans trop y prêter attention, il t'arrivera d'assister à des levées de lumière en ton centre mal éclairé.

Des valeurs dont tu n'avais jamais soupçonné l'influence t'avaient soutenu au long du parcours.

C'est souvent bien tard que tu les découvres, cachées dans l'obscurité de tes caves.

Frémissement d'éternelle nouveauté

La Sagesse ne se répète jamais !

Sous les mêmes dehors, elle crée l'inédit.

Son immuable visage demeure la toute dernière des inventions.

Cette stabilité sans fin est frémissante d'éternelle nouveauté.

Il y a ta manière de connaître, et il y a l'éclatement du miracle.

Il y a tes approches, et il y a celles de la vie.

Comme le cerf à l'orée du bois, le sacré se retire dès qu'il se sent observé.

C'est le renoncement, et non tes efforts, qui donne à la Sagesse de sourdre en ton sein et de le faire déborder.

Tu auras part à son abondance dans la mesure seulement où tu sauras la respecter.

Rien n'émane d'une vierge : le propre de son charisme est d'attirer, de séduire et de captiver.

Voilà la manière qu'il te faut emprunter au seuil des espaces inviolables.

C'est aussi dans la foulée de cette loi que doit s'inscrire ta fécondité.

Ici, ta manière de comprendre et d'avancer est prise à rebours.

Il est impossible d'avoir accès au virginal en essayant de l'atteindre en lui-même.

Quand, devant sa beauté, tu seras saisi et contraint de t'arrêter, tu le verras surgir au fond de toi.

Émerveillement de lumière

Aussi longtemps que tu observes avec convoitise, ta marche ne t'a pas encore conduit jusqu'aux chemins de la liberté.

Quand ton émerveillement, source d'évolution pour toi, élève aussi les autres, tu es un éveillé qui engendre la lumière.

Le ruminant affamé n'est attiré en rien par une chair tendre et saignante.

De même, le carnivore qui se meurt de faim ne portera aucune attention à la qualité d'un fourrage vert.

Il semble donc, si l'on s'en tient à cette réaction de type animal, que tu serais fasciné par le contraire de ce que tu es et indifférent face à ce qui te ressemble.

Accepter une telle conclusion manifesterait une analyse bien superficielle des faits.

Ce serait confondre l'ordre matériel et le monde spirituel.

Dans le cas de la nutrition, ce qui suscite l'intérêt devra servir de pâture, être anéanti pour apaiser un appétit.

Dans l'ordre de la vie, ce que tu regardes est admiré en toute gratuité : tu retires du sujet observé avec admiration un rassasiement de grande qualité non pas en l'immolant à ton profit, mais en procurant un surcroît d'être à l'objet de ta vision.

Ici, pas de tristesse, pas l'ombre d'une angoisse, pas de regret ni de mort, mais surabondance de vie chez celui qui contemple et chez celui qui est contemplé.

Livré à l'inconnu

Tu ignores dans quelle direction souffle le vent de la liberté.

Serais-tu surpris d'apprendre que tes racines exigent de se développer à la faveur de la nuit ?

Tu ne peux avoir part à la lumière que si tu fermes les yeux.

Pénible nécessité pour toi qui as tant de mal à te livrer sans retour !

Tes réflexes sont revêches aux fondamentales rectifications de trajectoire qui s'imposent.

Tu es étranger à ton propre cœur et tu nourris la prétention de gérer l'invisible ?

Tu ne peux avoir accès à la paix qu'au moment où tu ouvres tes espaces aux visites de l'inconnu.

Dans ton itinéraire, tu as à peu près toujours misé sur les certitudes acquises.

Mais tes lumières sont irrecevables aux yeux de la vie.

Cependant, tu peux garder l'espérance de voir surgir l'inédit si tu as le privilège d'être marqué par la soif qui ne s'éteint pas.

Il est impossible qu'un enfant vienne au monde en n'éveillant pas l'attention de sa mère.

Mais ton mystère, lui, aura conduit son œuvre à terme en ton absence et sans que tu sois alerté par son « travail » au fond de toi.

Tu n'avais pas à surveiller le processus d'une croissance où tes interventions risquaient de tout gâcher.

Dépossession ou rassasiement?

Chaque printemps, la couleuvre perd sa vieille robe au profit d'une nouvelle.

La transformation qui s'opère chez le reptile est bien différente toutefois de ce que tu es appelé à vivre.

La peau de l'animal, devenue vieille, desséchée, entrave la liberté de ses mouvements.

Elle est un handicap dont il a avantage à se débarrasser.

De plus, un épiderme jeune et souple est déjà disponible et va prendre la relève.

Tout est en place pour suppléer à l'absence de ce qui doit être abandonné.

De même, ceux qui font une véhémente expérience de l'amour se séparent volontiers de tout ce qui est derrière eux, car ce qu'ils viennent de découvrir comble au mieux leurs aspirations.

Mais quand le dépouillement te sollicite et te serre de plus près, tu t'agrippes avec une application redoublée à tes possessions.

Tu t'inquiètes d'avoir à immoler le fruit de conquêtes qui ont exigé tant d'efforts, de perdre des avoirs engrangés au prix d'un labeur sans fin.

Dans ton chemin vers la lumière, c'est du plus précieux qu'il faut te défaire alors que rien n'est là pour le remplacer.

Ce qui va bientôt succéder à l'ancien état de choses est encore inconnu de toi et te semble inexistant.

Ici, étant dépossédé, tu te retrouves devant un vide sans remède.

Le sceau du sublime

Si tout ce qui est virginal est à ce point captivant, c'est en fonction d'une éventuelle fécondité.

De même, tes espaces inviolés sont lourds de richesses et en attente de gestation.

Ta confiance et ton audace ont mission de faire naître l'invisible.

Et c'est la naïveté, non la froide connaissance, qui est le sceau de l'infini et du sublime.

Tu as accès au miracle, mais tu ne pourras l'accomplir qu'avec la limpidité d'un cœur d'enfant.

Il te faut engendrer, mais ici le nouveau-né n'est nul autre que toi-même.

Si la répétition est à ce point intolérable, c'est qu'une source est en toi qui aspire à t'abreuver d'une eau neuve.

Tu t'es arrêté d'abord à ce que tu pouvais produire et tu as cru que ton défi se limitait à cela.

Or, si tu t'acharnais à faire évoluer la matière, c'est dans la mesure où tu refusais de grandir.

Tu oubliais que le créé n'était là, malléable à l'infini et disponible, qu'à titre d'image pour t'éveiller à l'œuvre unique réclamée de toi, celle de ta transformation.

Le plus beau fruit, le seul en fait que tu doives porter, est celui où tu reçois la révélation de ton identité profonde, tous les autres étant là comme symboles de ton avènement dans la lumière.

Un rythme de vivant

Dans ton quotidien, ta conscience est rarement mise en éveil par le fait que tu es en parfaite santé.

Mais, dès qu'un malaise t'approche, tu réagis avec vivacité : là, rien n'échappe à ta vigilance.

Il existe une étrange loi, dissimulée au fond de toi.

Elle pourrait se formuler ainsi :

— tu es plus sensible à la souffrance qu'au bien-être ;
— tu es plus attentif à la venue de la mort qu'à la présence de la vie ;
— tu es plus facilement alerté par l'appréhension des calamités que par les appels à l'espérance.

Parviendras-tu à mettre à ton service les puissances de guérison dont tu disposes ?

Aurais-tu connu trop de tristesse pour que le rassasiement puisse devenir un pain gratuitement offert à ta table ?

La paix qui demeure serait donc une denrée interdite à ton menu.

Il ne conviendrait pas selon toi de circuler à un rythme de vivant.

Il arrive que de rares élus n'ont pas le choix et doivent accepter de vivre sans compromis.

D'autres peuvent se permettre d'être rentables tout au plus.

Il te reste à prendre la route qui convient le mieux à ton désir.

Il n'en tient qu'à toi de plonger au cœur de la béatitude.

Les espaces inaccessibles

Sache que si tu te sens vivement interpellé quand les lignes pures de la beauté miroitent devant tes yeux, ce n'est pas d'abord parce que tu serais privé de cette immensité dont tu dis avoir soif.

Quand la fillette s'amuse à cajoler sa poupée, elle ne sait pas encore que, si elle agit de la sorte, c'est que son organisme est appelé à entrer en gestation d'un être vivant.

De même, si tu te montres intéressé lorsqu'on te parle des espaces inaccessibles, c'est en raison d'un instinct de fécondité qui t'habite en permanence.

Tu as la faculté d'inventer le neuf à pleines mains.

Tu es apte non seulement à désirer la nouveauté, à pénétrer jusque dans la profondeur de ses enceintes, mais tu as le pouvoir de l'amener en surface à partir de tes racines.

À ton étonnement, le jour où tu accorderas à la splendeur si convoitée d'apparaître au-dehors, tu pourras y lire la beauté de ton propre visage, tout comme la mère peut reconnaître ses traits dans ceux de son enfant.

Tu as la liberté de te durcir, de ne pas croire à ton rêve, de ne prendre aucun risque avec le possible et le merveilleux, pour choisir de ne miser que sur le réel et le concret, mais en cédant à ce mouvement d'excessive «prudence», tu commets une tragique «imprudence».

Dans la mesure où tu te refuses à l'espérance, tu te fermes toutes les avenues du miracle qui demande à naître de toi.

Maternelle tendresse

Les tenants du merveilleux sont légion.

La magie a toujours été plus captivante que la vérité.

Le volontarisme a toujours été plus séduisant que la docilité.

La victoire acquise a toujours été plus satisfaisante que l'accueil du don gratuit.

Il ne manque pas de ces êtres capables de constance et de dépassement, qui s'engagent avec détermination sur des chemins qui exigent beaucoup de générosité.

Mais il y a une forme raffinée de dépassement qui échappera toujours à l'attention du grand nombre.

Il s'agit d'une attitude qui s'inscrit à rebours de leur mouvement spontané.

À l'heure de la vérité, il te sera demandé ce qu'aucune école n'a jamais exigé de ses adeptes, un sacrifice si étranger à tes habitudes acquises qu'en l'acceptant tu devrais t'accuser de relâchement ou de démission.

Tu seras bouleversé un jour en recevant une invitation à te laisser envelopper par les soins attentifs et quasi maternels d'une inlassable tendresse.

Quand la main d'une mystérieuse Sagesse t'initiera à ton besoin le plus profond, tu auras la tentation de croire que tu renies le meilleur de toi-même.

Tu n'aurais jamais pu soupçonner que cela pouvait être ton obligation première.

La surprise se comprend, étant donné que tu te connaissais si peu et si mal.

La manne de ta survie

Tu dois d'abord accoucher de l'enfant que tu es pour te convaincre de la possibilité de donner le jour à l'objet de ton espérance.

Mais tu devras semer partout ta tristesse et être abreuvé jusqu'à la nausée par des satisfactions sans lendemain, porteuses d'un relent d'amertume, avant de t'ouvrir à un bonheur sans retour.

Ta faculté de susciter le neuf est paralysée parce que tu ne soupçonnes pas la richesse de ton humus.

Tu n'as aucune idée des sources sans nombre qui attendent la permission de jaillir de ton sein pour irriguer ta joie.

La permanence d'un horizon de lumière est quelque chose de si anormal en tes parcours qu'à l'heure de son avènement tu seras persuadé de recevoir ce bien comme venant d'ailleurs.

C'est la découverte de ton identité qui répondra aux exigences de ta quête.

Il existe une originalité absolument irréductible, c'est celle qui est cachée au fond de toi.

Au long de tes chemins ont été semés une multitude de symboles évocateurs d'un autre univers et, volontiers, tu te laisses convaincre par leur message.

Mais tu ne pourras avoir accès à la réalité évoquée qu'au moment où tu l'auras littéralement tirée de ton néant pour la mettre au monde.

Il n'y a qu'une seule manière de t'enrichir, c'est d'extraire de ton propre fond la manne indispensable à ta survie.

«Éterniser» tes instants de bonheur

Tu es construit pour l'immuable et tu as un mal extrême à t'en persuader.

Tu persistes à placer quelques parcelles d'espérance dans ce que tu as la possibilité de mettre en marche.

Ah! si tu pouvais naître véritablement et durer sans fin!

Quand les joies naïves de ton jeune âge remontent dans ton champ de conscience, tu es ému jusqu'aux larmes.

Tu mets tout en œuvre pour «éterniser» ces minutes de bonheur et de paix si vite enfuies.

Le seul recours qui te reste après leur disparition est d'en raviver le souvenir et de le partager avec tes intimes.

Dans ce décor dramatique, d'où peut bien sourdre la voix te laissant entendre à l'intérieur que des espaces de lumière existent quelque part?

Tu as du mal à verbaliser ce mouvement qui, du fond de ton être, veut prendre son élan en dépit de tout ce qui, au-dehors, tente de lui refuser le passage.

Comment faire confiance à cette aspiration, toi, l'habitué des changements qui influencent si peu ton monotone quotidien?

Il ne te sera possible de donner corps à ce paradis entrevu qu'à partir du moment où ton scepticisme aura été vaincu, noyé dans l'intensité d'une rencontre sans regard et sans parole.

Douloureuse infécondité

Tu es moins appelé à devenir parfait qu'à te réjouir de la perfection partout présente.

Tu es moins invité à corriger tes travers qu'à te perdre au sein de l'harmonie totale.

Ces vérités s'inscrivent en faux contre tes approches maladroites et si douloureusement infécondes.

Ton cœur vient te surprendre avec ses réalisations subites.

Ta vie a été marquée par une quête incessante de la vérité.

Pourtant, tu pouvais te dispenser d'acquérir le savoir et de posséder la lumière.

Il importait seulement que tu apprennes à te complaire dans la beauté.

Il faut te rendre à l'évidence : tu éprouves plus de bonheur à t'émerveiller que de satisfaction à t'enrichir.

Viennent très heureusement mourir ici toutes formes d'envie et de jalousie.

Chez les parents, n'y a-t-il pas un contentement de qualité supérieure à suivre la respiration paisible de l'enfant endormi qu'à découvrir les premières manifestations de son intelligence ?

En ce qui te regarde, n'y a-t-il pas une modalité de paix plus profonde à t'extasier devant le resplendissement silencieux de l'aurore qu'à recevoir de la part de tes proches des hommages et des félicitations, même sincères et désintéressés ?

Étrange loi : ton accomplissement réside dans ce que tu vois avant de reposer sur ce dont tu es propriétaire.

L'inexplicable de ton devenir

Au moment où tu réalises tes ambitions,
- au moment où chacune de tes démarches est couronnée de succès,
- au moment où tu peux enfin recevoir le diadème sur ton front,
- au moment où la satisfaction devrait être le pain qui garnit ta table,

tu te retrouves avec une âme à vif devant le vide de tes idoles.

Console-toi, il n'y a pas plus vivant plaidoyer en faveur de l'exceptionnelle dignité de l'être humain.

Il est tragique de subir une grave injustice, d'assister à la mort d'un être aimé, de te voir visité par une maladie qui ne pardonne pas.

Mais quand le drame émerge de ton intérieur et sans cause, c'est que tu pénètres dans l'inexplicable de ton devenir.

À ce tournant majeur de ton itinéraire, ce qui sourd du dedans est situé bien au-delà des horizons du raisonnable et de l'habituel.

Il n'est pas de témoignage qui révèle avec autant de force que ta quête avait toujours été ouverte sur des enjeux qui ne sont pas de ton ressort.

Aussi longtemps qu'au moyen de tes initiatives tu avais pu contourner les impasses, tu pouvais éviter la désespérance, tu n'étais que déçu.

Mais lorsque tes projets ont été conduits à terme et que tu éprouves une morsure au cœur, tu n'as plus le choix ; il faut t'ouvrir à l'existence possible d'une autre table susceptible de répondre à une attente que tu es encore incapable de formuler.

L'intempérance de ton désir

Naïvement, tu croyais être entré de façon définitive dans les espaces du sacré.

Cette expérience n'était pas illusoire, mais tu ignorais que ce monde nouveau ne peut être contemplé à la manière des autres réalités.

À l'instar de la fleur qui, soumise à une analyse de laboratoire et outrageusement réduite à chacune des parties qui la composent, le mystère se devait de t'imposer sa loi : il s'évanouit en se sentant observé de trop près.

À l'exemple du corps qui, découvert en l'absence de tout amour, en est réduit à devenir un simple objet qu'on utilise, la porte de ton intérieur, dès qu'elle se sent violentée de quelque façon, se referme aussitôt, et ses espaces de liberté se convertissent en lieux de désolation.

L'apprentissage de la leçon se révélera pénible à ton impétuosité.

La face virginale de ton être procède à de sévères mises en garde, compte tenu de l'intempérance de ton désir.

Elle te dira que vouloir percer l'énigme de ton propre sanctuaire est une inacceptable profanation.

Ton empressement devra céder la place à une inlassable patience.

Ce n'est pas en dilettante ni en curieux qu'il convient d'entrer dans les zones fragiles de cette gestation.

Il te faudra accepter la lente montée vers l'insaisissable lumière.

Tu devras t'armer de générosité et d'indulgence envers toi-même, et cette dernière exigence te sera plus éprouvante que la tolérance à l'égard de tes semblables.

La couleur de ton pays

Depuis toujours, les foules se massent sur les pas des thaumaturges.

Elles sont fascinées par l'apparition de phénomènes qui les dépassent.

Le plus étonnant est que ces admirateurs inconditionnels sont nourris et comblés, alors même que la très grande majorité d'entre eux ne bénéficie pas de faveurs particulières.

Il leur suffit d'être témoins d'un agir qui excède la commune mesure.

Cette unique condition existant, la joie éclate et elle est pleine.

Comme si, au moment où une seule figure se démarque de la multitude anonyme des vivants, chacun reconnaissait en ce visage la couleur de son pays intérieur, demeuré jusque-là invisible à ses propres yeux.

Tu n'es pas attentif à toi-même.

Il te faut la pensée, la voix ou l'agir d'un autre pour retrouver le chemin de ta demeure.

Aussi longtemps que tu consens à avancer dans un sentier où un autre t'a précédé, tu donnes la preuve que tu n'as pas encore appris à mesurer avec exactitude ton irréductible originalité et l'inépuisable capital d'inventivité dont tu disposes.

Une telle soif de vivre est cachée au fond de toi !

Mais tu es incapable d'en découvrir la véritable nature et d'en évaluer la troublante profondeur.

Consistance au-dedans

À quoi bon t'épuiser à convaincre et à persuader ?

Le frémissement de l'être tient lieu de toute parole annoncée.

Pour ceux que le tressaillement libérateur a traversés, la verbalisation ne saurait que distraire de la plénitude et de l'onction savourées qui leur échoient en partage.

Le tumulte qui persiste au-dehors ne perturbera plus la consistance du dedans.

Leur recueillement suscite l'intérêt et invite à l'adoration, même s'il irrite ceux qui continuent d'opter pour la mouvance et le bruit des combats.

Pour ces derniers, conseils et reproches n'y feront rien : leur oreille n'est pas ouverte à ce genre de discours.

S'agit-il d'éveiller les autres à l'urgence d'une conversion, ou bien de permettre à la lumière d'instaurer son harmonie en toi ?

Les autres vivront par le témoignage d'un vivant qui leur fera découvrir par où passent les chemins de la vie et de quelle manière celle-ci informe ses intimes.

Il y a aujourd'hui une multitude d'instances politiques, économiques et culturelles qui s'activent aux quatre coins de la terre pour apaiser la tourmente.

Qui se rendra compte que la carence première est la perte du sens et le mépris du sacré ?

Me pardonneras-tu ces propos ?

Puisses-tu les oublier pour t'enfermer dans la zone muette, génératrice du seul dire qui se refuse à parler.

Pourquoi clôturer ton bonheur ?

Ce qu'il t'est impossible d'espérer, c'est cela seul qui doit naître en toi.

Tes aspirations n'arriveront jamais à peupler d'étoiles l'immensité de ton firmament.

C'est quand ils se réalisent que tes rêves apparaissent comme inaptes et insatisfaisants.

Tu es mal initié à ton désir et tu ignores le sérieux de ta soif.

La tristesse de ton existence, c'est que tu demeures libre de choisir la médiocrité qui ne te convient pas et de refuser le rassasiement qui t'appelle sans relâche.

Tes efforts tendent sans plus à consolider tes pas dans l'unique chemin que tu as choisi de parcourir, alors qu'il y a en toi le caprice d'un enfant qui a tôt fait de se lasser des redites et exige l'innovation, même si cette dernière vient déstabiliser tes prudences feutrées.

Tu fais preuve d'une inacceptable prétention en interdisant à la morosité de ton quotidien l'autorisation d'enfanter le merveilleux.

La plénitude pourrait facilement garnir les murs de ta maison si, laissant l'infini à lui-même, tu voulais consentir au respect et à l'adoration de ce qui te dépasse.

En toi, la spéculation revendique ses droits et te prive de la substance du bonheur, de ce bonheur qui est la nourriture préférée de l'innocence.

C'est à croire que la vie outrepasserait ses prérogatives en prenant la liberté de t'offrir plus que tu n'aurais jugé pertinent de lui demander.

Le chemin de ton milieu

Tu es là pour «être», et non pour laisser l'empreinte de tes interventions sur les réalités et sur les personnes.

Tu n'avances pas en changeant les situations ni en transformant tes habitudes, mais ce combat, jamais terminé et sans cesse recommencé, ramène en surface l'être démuni que tu es.

Si le chaos est là, partout présent, si l'ordonnance de tous les éléments s'avère une entreprise au-dessus de tes forces, c'est pour t'obliger à prendre la direction de ton centre.

Là seulement, tu trouveras l'harmonie que tu cherches, et la paix du monde en sortira par surcroît.

Dans ton insécurité, tu as toujours été en quête de victoires ; or, te reposer sur ce roc fragile risquerait de signer ta stagnation.

Le plus grand de tous les miracles est celui où tu deviens toi-même.

Tu n'es pas appelé à t'affranchir de la loi d'une manière «glorieuse», en la dépassant, ni de façon honteuse, en la fuyant.

Quand tu n'as plus la liberté de choisir, quand il te faut opter pour le lieu du véritable combat, c'est que l'heure de ta délivrance a sonné.

Tu es contraint d'évoluer vers l'intérieur et d'adopter des attitudes de vivant.

Surprise : tu avais rêvé d'un ordre sans failles, et la performance t'avait grisé, mais la Sagesse avait l'accueil et la gratuité à t'offrir comme présents.

Ton noyau inentamable

Au moment où ta clarté se lève avec la force paisible de l'aube, seuls les êtres d'obscurité s'autoriseront à la contredire.

Ce faisant, ils sont en conflit moins avec celui qui ose s'affirmer qu'avec l'interpellation de leur propre conscience.

À l'heure où tu es surpris par l'irruption en toi d'une forme inédite de liberté, cette révélation t'amène à désirer mourir plutôt que de renier cette vérité qui vient d'apparaître en pleine lumière, ta vérité.

Dormait au cœur de ton mystère, discrète et silencieuse, une loi voulant que l'amour soit satisfait non pas à partir de l'instant où tu lui obéis, mais de celui où tu consens à te respecter, quand, au-dehors, on conteste une orientation qui s'impose à toi irrésistiblement de l'intérieur.

Te soumettre désormais, c'est comprendre qu'une inconditionnelle bienveillance te presse de grandir en étant fidèle à tes seules racines.

Dès lors, plus d'hésitation à savoir à quelle autorité doit aller ton allégeance.

Il est révolu, le temps de la division, celui où tu devais composer entre ce qui était indispensable à ta survie et ce qu'il te fallait concéder aux autres au détriment de ton harmonie.

Ton noyau d'être devient inentamable.

À l'avenir, les pressions qui, de l'extérieur, voudront t'atteindre viendront se briser contre la muraille de ton indéfectible certitude.

Pour ta béatitude

Il y a deux qualités de lumière :

- il y a d'abord celle qui enveloppe à la manière d'une main aimante adoucissant la blessure, celle qu'évoquent l'aurore silencieuse et la splendeur apaisée du jour finissant ;
- il y a aussi la lumière « aiguë » de la science froide et inflexible, dont te parle le soleil du plein midi.

Ici, on est à l'heure de la tension, de la conquête, du labeur, et on aspire au crépuscule et à sa demi-clarté qui autorise la relâche.

Les feux du couchant se tamisent, s'amenuisent jusqu'à disparaître pour te laisser seul avec ton centre illuminé après t'y avoir reconduit.

Sans en avoir conscience, tu avais fermé les yeux pour être mieux attentif à ce qui venait de naître en toi : expérience plus comblante que celle de la contemplation du jour finissant à son apothéose.

Prend place alors en toi un mode supérieur d'accomplissement.

Tu te détournes de l'éclairage venu du dehors pour permettre à celui du dedans d'émerger et de tout envahir.

À l'image des parents dont la joie est de lire leurs propres traits sur le visage du nouveau-né, fruit de leur amour, tu accueilles le jour qui éclôt au fond de toi.

La lumière reçue est indispensable dans l'ordre pratique ; celle que tu enfantes est là pour ta béatitude. Tu viens de comprendre le message : si acquérir le savoir avait toujours été chose si ardue, c'était pour t'inviter à le mettre toi-même au jour.

Un attardé qui s'affaire

Tu l'auras remarqué, la lumière ignore la surcharge.

Les heures pleines qu'elle a la grâce de te servir s'habillent volontiers du manteau de la sobriété.

Le dépouillement est une caractéristique indispensable de la plénitude.

Prends-en à témoin l'aurore qui, chaque matin, t'invite à ouvrir les yeux.

Son pouvoir d'évocation a choisi comme assises le calme et le silence.

Ce serait bien mal connaître l'étendue de ton désir que de prétendre le satisfaire avec le capital que tu aurais pu amasser.

Tu ne peux atteindre à ta pleine réalisation qu'après avoir emprunté les sentiers du dépouillement.

Il est une vérité à laquelle la lumière te convie.

La loi est inéluctable : ton bonheur exige de naître et de grandir à partir de rien ; sa stabilité ne doit déprendre d'aucune condition.

L'infini est dans le vide, en attente de toi.

Observer l'enfant, cette pure capacité d'émerveillement, quel bain de vie !

C'est te rendre coupable d'infidélité envers l'héritage qui t'échoit que de ne pas t'être établi en permanence dans la « béatitude admirative ».

Conduire ta vie en évitant de t'installer en état de « continuelle célébration », c'est faire de toi un attardé, même si, par ailleurs, tu t'affaires avec succès à la construction du monde.

Immunisé contre l'angoisse

Découvrir en toi le lieu du miracle où l'abnégation devient rassasiement, c'est régner sur l'univers.

Dès lors, toutes les tempêtes pourront se lever, et ta sensibilité se révolter : tu es le maître du monde en étant maître chez toi.

Le repos de l'humanité n'est nulle part ailleurs que dans ton cœur apaisé.

Il est trop facile de calmer une mer démontée ; il te faudra descendre dans l'obscurité de tes racines et là, par la contagion de ton immobile quiétude, atteindre les tourmentés de la terre.

Il y a la paix qui se vit en l'absence de tout conflit, et il y a la paix qui demeure au moment où tes assises s'écroulent.

Il y a la paix qu'il te faut gagner, et il y a la paix qui t'est donnée.

Il y a la paix qui est toujours menacée, et il y a la paix que rien n'ébranle.

Il y a la paix que tu dois constamment protéger, et il y a la paix qui, sans toi, se renouvelle.

Il te faut accéder à cette zone de ton être qui est immunisée contre l'angoisse et la culpabilité.

Cet espace n'est là que pour toi.

Jusqu'ici, quand l'obstacle surgissait dans tes sentiers, tu faisais aussitôt appel à tes réserves d'énergie afin d'en triompher.

Aujourd'hui, un défi plus redoutable t'est proposé : accepteras-tu de reprendre à ton compte le cri du faible et de l'opprimé ?

L'innocence rencontrée

Si tu es sensible à la pleine harmonie, c'est que tu es déjà partie prenante de sa densité : ses espaces sont aussi les tiens.

Admire aujourd'hui la beauté comme une majestueuse icône qui incarne le fruit de cette métamorphose à laquelle tu te sais convié.

L'innocence rencontrée ne se tient pas là avec l'espérance de te voir emprunter à sa grâce, mais pour te renvoyer à la tienne.

Sans retenue, abreuve-toi à cette fontaine et entre dans ton patrimoine.

Il te suffit de la limpidité où baigne le regard d'un enfant croisé au hasard de tes parcours pour que tu t'allumes à ta propre clarté.

La couronne ne fait pas le roi, mais indique où il est.

De même, tes réalisations n'ajoutent rien à ton capital, elles manifestent simplement la richesse de ton humus.

Ce n'est pas par l'imitation du petit aperçu sur ta route que tu parviendras à ton accomplissement, mais en te rassasiant de le contempler.

Jette-toi dans cette source : tu en deviendras le jaillissement ininterrompu et tu seras introduit dans son mystère inviolable.

Un jour, tu te reconnaîtras non seulement comme le simple admirateur de sa naïveté, mais comme participant de la même famille et héritier des mêmes traits.

Un labeur sans fin

Si tu savais prêter attention à ton cœur, il aurait de belles histoires à te raconter.

Tu appréhendes, avoue-le, de lui accorder la permission de se dire.

Tu crains qu'il ne t'introduise en des lieux où tu risquerais de perdre la juridiction que tu as présentement sur ta vie.

Il ne t'est pas facile de faire pleine confiance à l'invisible fécondité.

Aujourd'hui, le bonheur est là et il frappe à ta porte.

Comment accepteras-tu qu'il t'arrive de façon si gratuite, quand tu l'as toujours perçu comme un objet de conquête ?

Lui concéder d'agir à sa guise en tes espaces te demande une exceptionnelle générosité.

Pourtant, il te suffirait de te laisser introduire dans la fête ininterrompue, celle que tu ne pourras jamais t'expliquer tout à fait.

Conformément au langage habituel, tu diras que ton accomplissement consiste à « sortir » de chez toi, à t'oublier et à te rendre disponible pour répondre aux attentes de ceux qui t'entourent.

Ce serait là aborder le mystère de la vie par la négative.

Tu avancerais avec infiniment plus de grâce et tu serais tellement plus utile à tes proches si tu avais le courage d'habiter avec toi-même !

Aux pieds de l'inconnu

Si tu te mets à la recherche d'un vivant, tu dois t'armer de patience.

Et, le croisant en chemin, tu ne pourras le reconnaître qu'après avoir été soumis toi-même à l'épreuve purifiante du feu.

Les déceptions viennent habituellement de ce que tu as construit de tes mains ou acquis à prix d'argent.

Ce qui, au contraire, te comble de façon permanente s'est édifié à ton insu et sans t'avoir demandé l'ombre d'un effort.

Les espaces de ton cœur sont plus vastes que ceux de ton esprit.

Tes attentes ne font plus le poids.

Tes moissons ne sont qu'une simple monnaie d'échange, et leur disparition permet aux valeurs stables d'apparaître.

La gratuité, le miracle et l'inespérable se devaient d'être en permanence à ton menu.

Si, un jour, ils te sont servis, tu ne diras pas : « Est-ce bien là ma nourriture ? »

D'instinct, tu reconnaîtras la table qui est la tienne et à laquelle tu avais toujours eu ta place.

En vain, durant tes interminables parcours, tu as cherché le pain qu'il te fallait consommer.

Mais comment pouvais-tu y arriver quand tu t'ignorais toi-même ?

Comprendre ou vivre?

Tu as toujours estimé qu'il valait mieux «comprendre» que de «vivre».

Pourtant la vie, et elle seule, donne par surcroît accès à cette forme de compréhension qui franchit, en se jouant, les portes du mystère.

Il est un royaume où le savoir ne consiste plus à disséquer les composantes de la réalité et à pénétrer dans chacun de ses replis.

La raison, entassant avec effort lumière sur lumière, avait conduit son laborieux travail sans jamais te permettre de parvenir au rassasiement.

Il est un univers où c'est par le «toucher de l'être» que, sans parole, tu as part à une pleine révélation.

Ici, la connaissance s'effectue non plus sur le plan de tes facultés, mais dans ton centre pacifié qui se voit nourri par l'abondance d'une source intarissable.

Comme il ferait bon de vivre si tu arrivais à endormir tes blessures dans les bras d'une indéfectible présence!

Comme la face du monde se trouverait miraculeusement transfigurée si tu pouvais saisir toute personne et tout objet rencontrés dans la clarté qui émane, radieuse, du visage de la Sagesse qui vit à tes côtés et t'accompagne sur la route alors que tu la traites en pure étrangère!

Tu as circulé si loin de la vérité qu'à tes yeux les espaces où maintenant tu te sais prié d'entrer te sont constamment apparus sous les couleurs du laisser-aller, de l'inutile et du gaspillage.

Le bonheur sans causes

Le mandat que tu as reçu est d'envergure : il te faut avancer si loin dans les couches souterraines de la paix que tu puisses y endormir l'univers entier et toute sa violence.

S'il est bon, voire indispensable, de te dépenser pour le bien de tes semblables, il est mieux encore d'ouvrir ta porte aux malheureux et de les faire bénéficier de la limpidité de ta source enfin retrouvée.

C'est ta confiance, limpide comme un rire d'enfant, qui doit fournir l'oxygène nécessaire à tous ceux qui étouffent sous le régime de la peur, de l'endurcissement ou du refus.

Tu comprendras un jour les lois nouvelles qui président à ta rencontre avec la Sagesse.

Vient l'heure où le meilleur que tu peux offrir n'est plus seulement ce que tu possèdes.

Si, au départ, l'amour consistait à aller vers l'autre pour partager avec lui les biens dont tu pouvais disposer, ici, les services rendus sont invités à céder la première place au capital de l'être.

Dans l'ordre de la vie, tout va en direction du recueillement et non plus dans le sens de la dispersion.

Absorbé par une incessante quête de lumière, aurais-tu oublié qu'il y a infiniment plus de satisfaction pour toi à « être connu » qu'à « acquérir un immense savoir » ?

Le plus grand bonheur est celui qui est sans causes apparentes, un bonheur si dépouillé qu'il te devient impossible de le perdre.

À la limite, tu dois en venir à vivre en plénitude à partir de rien, sans explications et sans sortir de chez toi.

Les horizons malsains

Sur quelle ligne d'horizon ton regard a-t-il choisi de s'arrêter ?

Quelle nourriture lui as-tu préparée pour sa joie ?

Le champ immense de la désolation du monde est là, devant toi.

Et, plus navrante encore, l'évidence de ton inacceptable médiocrité.

Il arrive trop souvent que tu transformes inutilement ton existence en un pénible purgatoire.

Il est une manière souveraine de corriger les situations.

Il te suffit de demeurer résolument fixé dans la lumière et de t'y abreuver sans jamais en détacher ta vue.

Autour de toi, il ne manque pas de voix pour accorder une place démesurée aux calamités et aux scandales.

Au-delà de cet horizon malsain, les actions désintéressées, les inviolables fidélités et les obscurs dévouements sont aisément relégués dans l'ombre qui, par ailleurs, est leur espace privilégié.

Pourquoi ce qui est troublant trouve-t-il plus facilement preneur ?

Attitude étrange chez des êtres qui, pourtant, se disent en quête de plénitude et de paix !

Par bonheur, il se trouve quelques figures d'exception, capables de conserver toujours la mémoire des heures de communion intense et de joies comblantes qui ont marqué les grands tournants de leur itinéraire.

S'imposent au respect de ces êtres rares la profondeur du premier amour, la naissance d'un enfant, les pardons reçus et offerts ainsi que la beauté des gestes gratuits.

La fête sans origine

Après tant d'épreuves subies et tant de labeurs consommés, une triste vérité subsiste :
- le devoir accompli conserve la préséance sur la gratuité du don qui t'est offert ;
- le recours à ton intégrité se fait plus spontanément que l'ouverture à l'indulgence envers toi-même ;
- à tes yeux, il demeure plus urgent de remédier au désordre qui règne dans ton jardin que de te réjouir de la récolte qui s'amène.

L'efficacité a toujours tendance à prendre le pas sur l'émerveillement.

En un mot, ton image continue d'avoir la priorité sur ta liberté.

Te voilà aujourd'hui sollicité de partir à la dérive, toi, l'habitué des chemins droits et des normes imposées.

Il te faut abandonner ce que tu avais estimé être le fondement même de ton combat.

Les allées et venues de la Sagesse te sont bien sympathiques, certes, mais comme un beau poème elles n'ont guère d'impact immédiat sur ton vécu.

Tes résistances se réveillent, et tu freines lorsque tu te vois, sans avertissement, introduit dans une fête sans origine et sans fin.

Tu constates cependant que le nouvel ordre des choses est là, immuable et si fort que tu crains de te voir emporté dans la douceur de ses eaux.

Mais le souffle de la Sagesse triomphera de tes peurs et de tes refus.

Le contenu de ton espérance

Tu avais d'abord fixé tes objectifs et les avais poursuivis avec opiniâtreté.

Mais quand paraît l'autre lumière, c'est l'expérience de l'objectif visé qui est première, c'est elle qui éveille ta volonté et elle le fait alors en l'absence de toute tension.

Bouleversante révélation que celle où un miracle vient t'annoncer ce qui était le contenu de ton espérance.

Quand les eaux de la Sagesse font irruption en toi et succèdent à la stérilité de tes efforts, tout le réel qui t'entoure se retrouve soudainement transfiguré.

Tu n'as plus à vaincre et tu n'as plus à convaincre.

On vient de t'annoncer qu'une partie de ton être était depuis toujours en état de veille.

La soif de vivre te dévorait, mais comment consentir à basculer dans cette logique qui ne deviendra jamais normale et familière ?

Il y a beaucoup de raideurs inconscientes chez toi face aux perpétuelles inventions de la Sagesse.

La lumière qui se lève heurte de plein fouet tout ce que ta raison, tes connaissances et tes habitudes acquises avaient pu te dicter comme route à suivre jusqu'à ce jour.

Qui persuadera ton intelligence qu'il y aurait avantage pour elle à s'effacer devant les envahissements de la naïveté ?

Il te faut apprendre à ne plus marcher sous l'influence des ordres reçus, mais à avancer en obéissant à la seule motion intérieure, en cédant à un appel qui t'invite à devenir captif de la puissance transformante de la beauté.

Apothéose ou modestie?

Un même scénario préside à la croissance biologique et à la croissance spirituelle.

La phase initiale est celle d'un éblouissement, souvent transitoire mais déterminant.

Suit la disparition graduelle de cette aurore fugitive, dont le souvenir va continuer de hanter la mémoire.

On vivra désormais dans l'espérance de voir réapparaître cette levée de gloire toute gratuite qui ne reviendra jamais, du moins sous la forme entrevue jadis.

Arrive le règne de la définitive clarté qui se présente sous des couleurs inattendues, celles de la sobriété, voire du dépouillement.

C'est cette dernière caractéristique qui constituera l'aspect le plus déroutant du cheminement, le marcheur ayant conçu le terme en direction duquel il s'acheminait comme le flamboiement d'une apothéose.

Ce processus est inscrit dans la végétation, dans l'ordre affectif de même que dans l'acquisition du savoir.

C'est l'arbre de ton jardin qui, au printemps, doit perdre bien vite ses pétales pour nourrir silencieusement le fruit dont les apparences sont plus discrètes que celles de la floraison première.

C'est la rencontre amoureuse où le choc initial s'impose avec véhémence pour céder le pas à un amour purifié, tissé de réserve et de paix.

C'est l'étudiant qui, fasciné par un domaine de la recherche, s'enthousiasme d'abord pour cette spécialité et en approfondit les composantes avant d'atteindre à la modestie du savant.

Prélude à l'autre rencontre

La rencontre avec l'autre n'est qu'un prélude à la rencontre avec toi-même.

Et si la communion avec l'être choisi représente une valeur si précieuse et si indispensable à tes yeux, imagine maintenant le sentiment de plénitude que tu éprouveras en ayant accès à ton propre mystère.

L'amour a toujours quelque chose à donner, et si, par impossible, il se trouve à bout de ressources, il se livre en personne.

C'est là le comble de ce que tu pouvais espérer de lui et le dernier mot de ce que tu peux rêver comme nourriture.

Dans les espaces de la communion, tu n'apaises pas ta soif en vidant la coupe, mais tu l'avives, au contraire.

Et en t'y abreuvant, tu en augmentes la capacité et tu procures une nouvelle densité à son contenu.

Si cette loi s'inscrivait à l'intérieur de notre univers disloqué, combien de problèmes y trouveraient une solution miraculeuse !

Puiser sans épuiser !

Enrichir l'autre en le vidant de tout ce qu'il a pour l'amener à ce qu'il est : dangereuse utopie, ou loi première du vivant que tu es ?

Tu approches de la vérité quand ton désir te questionne de la sorte.

En acceptant de t'engager dans les sentiers de la lumière, tu verras surgir une gamme de possibilités qui sont actuellement en attente de naissance chez toi.

Étouffement ou communion?

L'isolement et l'expérience du désert te déchirent l'âme jusqu'à en mourir, tandis que tu reçois blessure sur blessure de la part de ceux dont la présence est nécessaire à ta survie.

Tu alternes entre étouffement et communion jusqu'au jour où la surprise d'une rencontre inespérée viendra te dire qu'il existait quelque part une attente que seule ta personne était en mesure de combler.

Tu auras été recherché avant de croiser le regard qui te manquait.

Une solitude avait rêvé de toi avant de découvrir que tu étais là pour elle.

Tu étais à l'origine d'un vide inexplicable chez l'autre alors que tes propres espaces attendaient d'être remplis par cet inconnu.

C'est ainsi que le bien le plus précieux te laisse indifférent, aussi longtemps qu'il ne prend pas l'initiative de s'imposer lui-même à ta conscience.

Tu peux demeurer en carence de consolation sans soupçonner qu'une réponse est disponible pour ta joie.

C'est de cette manière que tu es distrait de toi-même et que ton centre espère la venue du jour où tu consentiras à entrer chez lui.

Ton espérance s'accommode volontiers d'une multitude d'entraves.

Impossible pour toi de t'ouvrir à ta richesse et à ta densité.

Il te faut la lumière d'une révélation pour avoir accès à ton identité.

Le sublime de la gratuité

Ce qui te captive, ce n'est pas la victoire en elle-même.

L'important, c'est que la victoire puisse être attribuée à tes efforts.

C'est la préséance du volontarisme sur le sublime de la gratuité.

Pour la gloire incertaine d'une réussite qui soit le résultat de ton labeur, tu consentiras volontiers à investir temps et argent, travail et générosité.

L'infini lui-même te laissera indifférent s'il ne sort pas de tes mains, s'il n'est pas le fruit de ton intervention.

Détrompe-toi; si le bien ultime qui est d'ordre spirituel suscite si peu d'intérêt, ce n'est pas d'abord parce qu'il serait trop éloigné de toi ou impalpable, comme tu le crois.

Tu souffres d'une importante carence, et ce mal est ton inaptitude à recevoir.

C'est là l'explication de tous les drames de ta vie.

Il y a si longtemps qu'on t'a habitué à te nourrir de la joie d'être vainqueur!

Et tu t'es exercé depuis toujours à être triste quand tu as dû céder la victoire.

Pourquoi l'enfant te comble-t-il à la stricte mesure de son impuissance? et pourquoi l'être livré dans l'amour est-il source de tant de bonheur?

Si jamais tu mets cette vérité en doute, désigne-moi une seule personne qui pourrait éprouver du chagrin à se sentir aimée plus intensément qu'elle n'aime elle-même.

Scintillement d'étoiles

Sur ta route, les obstacles s'amoncellent.

Apparaît le temps de la lassitude où tu as la tentation d'abandonner.

Pourtant le souvenir impérissable d'un seul des moments de plénitude vécus jadis suffit pour rallumer ton courage.

Ce n'est pas en éliminant les obstacles de tes parcours que tu deviens un vivant, mais en enveloppant de beauté chacune des laideurs qui se présentent à toi.

À tout instant de ta vie, tu as la possibilité de faire revivre ces miracles de gloire où se sont joués les grands tournants de ton existence.

Tu te rappelles qu'en ces heures où tu étais visité la déception perdait instantanément de son emprise sur toi.

Aujourd'hui, une voix furtive te parle du nombre et de la splendeur des étoiles qui scintillent déjà dans ton firmament.

Voilà qu'une main invisible te délivre de toutes les formes de mort dont tu as tenté en vain de t'affranchir.

Fini le règne des vaines attentes et celui des désillusions amères.

Tu ne t'étonnes pas de voir la pierre descendre au creux des eaux, pas plus d'ailleurs que tu ne te surprends de ce que le bois sec demeure en surface.

Mesurant mieux la densité de chaque personne, tu passes ton chemin sans être affecté par l'oubli et l'ingratitude, ni par tes propres faiblesses et tes refus.

Tu fais l'expérience d'une paix que tu avais désirée sans la connaître encore.

Vivre d'émerveillement

Il s'agit moins de te rendre irréprochable que de permettre à la sève d'envahir ton être.

Tu ne parviendras jamais à la plénitude par la seule élimination du mal qui est en toi.

Apprends à puiser la beauté dans la contemplation du visage paisible de l'harmonie.

C'est cette qualité de béatitude qui se chargera de nettoyer ton organisme de tous les parasites qui l'ont envahi.

Ici, tu ne peux atteindre à la réussite qu'en renonçant à tes moyens d'intervention.

Le couronnement de ta démarche consiste à entrer dans un émerveillement continuel.

Comme il te serait simple de vivre si tu consentais à écouter la Sagesse qui te dispense de tout effort et qui se chagrine dès que tu désires lui prêter main-forte.

Tu préfères compliquer ton ascension en déposant au milieu de ton chemin les pierres amassées pour édifier ton temple.

Il te faudra subir une longue purification afin de comprendre que la recherche d'un avoir et l'accumulation du savoir représentaient une menace pour ta vie, avant d'admettre que le dépouillement est l'unique chemin qui ouvre sur ton accomplissement.

Tu as rêvé de vastes terres, alors que ton bien ultime attendait que tu reconnaisses l'inépuisable fécondité d'une source qui était là, en toi, et coulait silencieuse en tes caves ignorées.

Ton cœur serait-il capable de mensonge?

Tes espaces et leur soif n'auront-ils été là que pour pleurer dans le vide et vivre dans l'attente d'un vide plus grand encore?

Tu ne soupçonnes pas à quel point tu peux avoir besoin de courage pour donner raison à ce qui, du fond de ton mystère, aspire à la pleine lumière.

Tu as appris à te méfier de cette moisson dont la genèse travaille la richesse de ton humus.

C'est quotidiennement que tu accuses ton cœur de mensonge, ce qui est une forme inacceptable de reniement de soi.

Quand il te fait part de ses rêves, quand il te parle de la fécondité du repos, tu le mets volontiers au rang des marchands de bonheur et des diseuses de bonne aventure.

En agissant de la sorte, tu profanes le premier des dons que tu as reçus.

À l'enfance qui, en toi, n'a jamais obtenu la permission de jouer, tu n'auras su offrir que le visage de l'indifférence et de la froideur.

Tu pourras passer ainsi la majeure partie de ton existence sans prendre la mesure du mépris dont tu fais preuve à l'endroit de ton héritage.

Comme tant d'autres avant toi, tu es attentif à tes manques et à tes échecs bien plus qu'à ta clarté, sereine et silencieuse.

Certes, tu ne refuses pas l'éclairage, mais c'est avec beaucoup de timidité que tu invites la surabondance à venir évacuer la désolation de tes parcours.

Le poids des larmes

Qui viendra te raconter l'histoire des beautés secrètes qui resplendissent dans la discrétion de tant d'existences anonymes ?

Tu as négligé de prêter attention à la richesse d'une multitude de témoignages : des pèlerins longent les mêmes sentiers que toi et, victimes du même dénuement, ils trouvent pourtant de quoi s'émerveiller là où tu estimes devoir pleurer.

Le pauvre authentique, remarque-le, n'est pas celui qui, dans son indigence, envie le bien-être des nantis, mais l'innocent qui n'a jamais songé à réclamer sa juste part.

En accédant à ce seuil incomparable de la paix, tu rendrais davantage service à l'humanité qu'en te vouant corps et âme auprès de toutes les détresses rencontrées.

Quand ton esprit aura été vidé de toutes ses prétentions ;

quand l'ombre même d'une exigence aura disparu de tes terres ;

quand la moindre trace d'amertume aura été bannie de ton sanctuaire ;

quand la revendication et la révolte auront fui tes enceintes ;

quand ton sourire saura percer à travers tes larmes, chaudes de tendresse ;

le monde, à ton école, apprendra à respirer.

Quand tu te désoles devant ceux qui sont tristes, as-tu pensé que leur chagrin pouvait être un contrepoids dont l'univers avait besoin pour éviter la démence ?

La paix que le monde attend

Réalité apparemment inexplicable : plus le lien qui t'unit à une personne est vrai et fort, plus il devient créateur d'autonomie.

La rencontre au niveau profond peut non seulement coïncider avec l'autonomie la plus parfaite, mais elle engendre celle-ci à tout instant.

Dans l'ordre de l'être, la dépendance active la croissance de chaque intéressé et nourrit leur bonheur mutuel.

Le secret consiste à vivre du capital caché de ton semblable et non de ce qu'il accomplit pour toi ou de ce que tu peux en retirer de dividendes.

Dans la mesure où tu te libères de tout ce qui est accidentel et éphémère et où tu apprends à t'émerveiller de l'unique mystère de l'autre, tu accèdes à l'authentique liberté.

Tu alimentes ton vis-à-vis en le renvoyant à ses valeurs stables, toi qui as appris à te rassasier dans la contemplation de sa lumière.

Dès lors, celui-ci serait mal venu d'agir « pour » toi. Il ne doit le faire que « pour » lui-même, puisque le meilleur de ta joie est qu'il existe à plein.

Imagine maintenant à quelle révolution tu donnerais naissance si tu pouvais persuader le monde que, pour exister et s'épanouir, il a moins besoin de ta contribution que de ton être en vérité.

En permettant aux témoins de ton vécu de communier à la richesse dont ils sont les porteurs inconscients, tu ferais connaître à tout l'univers cette paix qu'il cherche et qu'il attend.

Ce qui hante tes rêves

Parvenir à l'immuable «conscience d'être» est ce vers quoi converge le meilleur de ton désir.

Quand sonnera l'heure de ta délivrance, ton agir, tes engagements et tes victoires ne seront plus des actes nécessaires, mais une simple émanation de ta personne et de ta gloire.

À l'image du soleil, tu n'auras qu'à exister, à resplendir et à tout envahir de ta clarté.

La lumière qui jusque-là s'était offerte à ton regard jaillira alors du centre même de ta demeure pour illuminer le visage de ceux qui sont aux prises avec l'obscurité.

Il te suffira d'être, et tu verras la confiance se raviver chez tous les désespérés du monde.

C'est la nostalgie de cet état bienheureux qui te hante et habite le côté sublime de tes rêves.

Tu trouveras la création entière disposée à te servir avec joie à partir du jour où tu n'attendras plus rien d'elle.

Et tout ce qui, auparavant, avait pu te menacer se soumettra à ton autorité et apprendra à te respecter au spectacle de ta paix.

Il faut t'enraciner si fermement au fond de toi-même que tu ne te sentes jamais atteint dans ta fragilité.

Par ta seule présence, tu dois en arriver à pacifier et à ordonner l'universelle agitation qui règne autour de toi.

Alors, non seulement tes erreurs seront aussitôt résorbées dans la surabondance de ta sève intérieure, mais les éléments de mort auxquels tu peux donner naissance seront transformés en nourriture pour ton propre développement.

Comme un corps étranger

Une loi vient te surprendre en chemin : sans que tu le saches, il arrive que la plus grande part de ton savoir procède non pas de tes connaissances intellectuelles acquises ou de tes expériences de vie, mais des racines mêmes de ton être.

Tu serais justifié de formuler ainsi cette étonnante vérité : dans tout ce que tu rencontres, ton attention est attirée par cela seul que tu possèdes, et tu n'es avide d'apprendre que ce dont tu as déjà la connaissance.

Quand le petit Mozart touche le piano pour la première fois, il manifeste simplement ce qui était caché au fond de lui, ce qu'il ignorait sans doute avant d'entendre une première note.

Pour le jeune prodige, l'instrument n'était rien d'autre qu'un révélateur de la densité de son intérieur habité d'harmonie.

L'inverse se produira chez un enfant à qui on inculque la bienséance en l'obligeant à manger de la main droite alors qu'il est naturellement gaucher.

Ici, la vérité de son être est contrariée.

Il en sera heurté toute sa vie durant, sans toutefois être bien conscient de la contrainte qu'il subit.

L'ambiance et les coutumes le forceront à agir en réaction constante contre ses dynamismes spontanés.

Un malaise imperceptible lui donne à entendre qu'il est vexé en quelque manière.

C'est ainsi qu'il te faudra lutter sans relâche pour te délester de tout ce qu'on aura cru bon de te transmettre en fait de valeurs qui, de même que dans le cas du jeune gaucher, demeureront toujours pour toi des corps étrangers.

Dans les langes de la douceur

Le croiras-tu ?

Cet univers meurtri où tu circules, tu as le pouvoir de l'envelopper dans les langes de la douceur et de la paix.

Il t'appartient de donner naissance à l'avenir du monde.

Il y a, à demeure, dormant dans tes enceintes, l'étonnant miracle qui te rend capable d'insuffler à tout ce qui touche à sa fin le rayonnement de l'aurore, un miracle qui peut reconstruire chacun de tes rêves brisés et en faire le lieu d'une célébration sans fin.

Mais tu en seras incapable si ton cœur n'a pas appris à se laisser traverser par la vivacité d'une espérance qui se refuse à toute forme de déception.

Et si, manquant de la nécessaire Sagesse, tu persistes à vouloir corriger les situations, ta manière d'intervenir ne pourra toucher que la surface d'un mal qui multiplie ses ravages au-dedans.

L'obligation de te livrer au pouvoir de la tendresse est si primordiale que tu n'as plus à te préoccuper de la transfiguration de ceux qui t'entourent.

C'est par le seul poids de ton être purifié que tu dois atteindre, et jusqu'à sa racine, la souffrance partout répandue.

Cette façon qu'a la vie de remplir son mandat est si discrète que, en bénéficiant de ton aide, celui qui la reçoit ne soupçonnera jamais de quelle main elle peut bien lui venir.

Et, mieux encore, il te faudra en arriver à travailler au bien-être des autres sans même en prendre conscience.

Le geste du plus grand amour

Une tâche redoutable t'a été confiée, celle de devenir.

Une tâche indispensable t'incombe, celle de t'éveiller à un appel et de laisser ta lumière transfigurer la face du monde.

C'est par là que tu peux influencer efficacement le cours de l'histoire.

Sans que tu le soupçonnes, chacune de tes démarches n'a jamais eu d'autre objectif que de te conduire à cet aboutissement ultime.

Dès lors, tes interventions deviennent un simple ornement, une décoration pour ajouter à la somptuosité de la fête essentielle.

Si tu descends jusque dans tes racines d'être, en un seul acte, un acte de pure célébration, tu rejoins et dépasses toutes les formes de connaissance et toutes les modalités possibles d'engagement au service du prochain.

Scandale ici : on parlera alors volontiers de narcissisme spirituel, de manque d'attention aux besoins des démunis.

Mais voici le miracle : en cette heure de vérité, s'occuper uniquement de soi constitue le geste du plus grand amour, la preuve de la plus ardente solidarité, le mode d'engagement qui exige le plus de générosité.

Tu demeures bien loin, ici, de l'égoïsme qui consiste à ne t'intéresser qu'aux aspects secondaires et accidentels de ta personne.

Ultime observation : satisfaire tes caprices n'est pas un grave désordre en soi, mais sache qu'en agissant ainsi tu te prives de la joie substantielle.

La loi du scepticisme

Qui viendra te persuader que tu es victime d'utopie quand tu ressens au fond de toi la montée d'une paix qui s'apprête à tout envahir ?

Qui viendra te convaincre de mensonge quand la tendresse, incapable de se contenir, réclame le privilège d'accrocher dans ton ciel son image ?

Qui viendra souffler à ton oreille de ne pas croire quand tu aperçois la multitude des incrédules qui s'étudient à museler la richesse de leur propre mystère ?

Qui viendra détruire la beauté de ton rêve quand ses éternels contestataires n'ont jamais eu la générosité d'apporter la moindre pierre à sa construction, celle de leur confiance en un bonheur immérité qui attend de s'inviter chez eux aussi ?

La loi du scepticisme te guette aux carrefours.

Partout elle répète son refrain :

- ne prends aucun risque, surtout pas celui d'être déçu, demain, pour avoir osé croire aujourd'hui qu'une réalité débordante de fécondité est peut-être dissimulée quelque part dans le silence et qu'une lumière est là, impatiente de surgir au sein de ton obscurité ;

- ne te laisse pas persuader qu'un matin de gloire puisse se lever sur tes terres, alors que, tant de fois, tes yeux ont dû se satisfaire de la tristesse d'un jour d'automne ;

- n'accorde pas foi au réconfort qui pourrait te venir d'une voix cherchant à te consoler de ton inguérissable nostalgie et à verser un baume sur la cause de tes gémissements ;

- ne t'expose pas à être dupe, n'accepte que ce que tu peux toucher, peser et garder sous ton pouvoir.

Adoration et consommation

S'il y a une infinité de biens qui consentent à la profanation et acquiescent volontiers à l'anéantissement pour assouvir ta faim, à l'inverse, il y a une seule réalité capable de recevoir le tribut de ta vénération.

Tu accuses souvent l'essentiel de se dérober à ta soif de le connaître.

Tu as tort de lui adresser ce reproche, puisqu'il est toujours là, généreusement offert, cependant non pas à ton avidité mais à ton respect et à ton admiration.

Le manque ne réside pas dans son éloignement, mais dans ton désir mal purifié qui, dans sa méconnaissance, aurait la prétention d'aborder les valeurs les plus hautes comme s'il s'agissait de produits de consommation.

L'ordre matériel et l'ordre spirituel te décrivent, chacun à sa manière, la nature de ce qu'ils ont à t'offrir.

Tout ce qui te sert de nourriture, tu dois le détruire pour en faire ton profit.

Mais le mystère échappe à ton emprise dans la mesure où il appelle ton adoration, lui qui est destiné non pas à être absorbé par toi, mais à te résorber en lui pour ton accomplissement.

Imagine ! si les yeux de ta convoitise se voyaient autorisés à pénétrer jusque dans les arcanes de la vérité, tu ne saurais que la dévorer à la façon d'un fauve se jetant sur sa proie.

D'ailleurs, si l'accès direct à ce qui est là pour provoquer ton émerveillement t'était permis et si tu pouvais assimiler ce bien, sa densité se révélerait mortelle pour ton intérieur mal préparé.

Ton profil intérieur

De même qu'un enfant, arrivé à l'âge de l'adolescence, doit combattre pour rejeter avec fougue tout ce qui voudrait empêcher l'adulte de percer en lui, ainsi ton capital intérieur aura à livrer une interminable bataille avant de pouvoir s'imposer à ta conscience

Personne ne saurait jamais te révéler les lignes précises de ton profil intérieur.

On ne fixe pas à l'avance les traits de l'enfant à naître ; on est seulement invité à les accueillir et à les respecter.

Lorsque la définition de ton être émergera de tes profondeurs, aucune force ne pourra entraver son avènement.

La conviction de ton identité deviendra si forte que tu préféreras mourir plutôt que d'y renoncer.

Et si tu t'obstines à vouloir sauvegarder des avantages d'ordre social, politique ou culturel au détriment de ce que tu es, il te faudra composer avec un vague sentiment de culpabilité.

À l'heure où tu es parvenu jusqu'à ton centre, tu ne peux plus te renier impunément.

L'évidence de ta vérité devient si criante que t'en éloigner serait faire preuve d'une odieuse trahison.

Parvenu à ce terme, solidement installé en ta demeure, tu découvres par surcroît le langage et les accents qui te permettent de partager aux autres l'harmonie qui monte de tes espaces habités.

Incapable de douter plus longtemps de tes valeurs d'être, la voie est là, devant toi, large ouverte, unique et resplendissante.

Naïveté ou endurcissement?

Il est menaçant de voir ton voisin se lever et affirmer ses couleurs aux yeux de tous.

À l'opposé, quand tu apprends qu'un étranger apparaît en imposant avec force les traits de son visage, tu te défends mal d'un sentiment spontané d'admiration.

Pourquoi cette injuste répartition des droits et des libertés?

Pourquoi cette réticence à laisser surgir chez tes proches l'inattendu, voire l'impossible?

Tu leur refuses le droit d'être porteurs de l'inhabituel et de l'insolite pour la seule raison que la paresse de ton regard n'a jamais su percer leur mystère au-delà des apparences.

Cette attitude révèle qu'à tes yeux le merveilleux n'est pas autorisé à jaillir de ce qui est simple et ordinaire.

Histoire d'une perpétuelle rivalité entre le durcissement et la naïveté:
- comme si la vie, se manifestant à toi, devait mettre en lumière ses origines et ses objectifs;
- comme si elle devait subir ton interrogatoire et satisfaire à ta curiosité;
- comme si elle devait te faire part de la raison de ses préférences et de la qualité de ses surprises;
- comme si elle devait justifier le choix du lieu à partir duquel elle veut bien émaner.

Il serait si simple de fermer seulement les yeux et de laisser place à l'adoration qui sollicite ton assentiment!

L'envahissement de la paix

Oserais-tu remettre en question la splendeur de l'aurore ?

Il y a ainsi une gamme de valeurs qui s'imposent d'emblée.

Devant un spectacle qui force ton admiration, le cœur se voit invinciblement gagné, avant que le doute s'infiltre ou que la peur ait eu le temps de lever.

Il y a grande satisfaction à constater l'aisance avec laquelle tu acquiesces et fais aveuglément confiance, mouvements si contraires à tes mécanismes spontanés.

C'est là une qualité de révolution auprès de laquelle pâlissent tous les bouleversements politiques et sociaux qui couvrent la face de la terre.

Il y a une part de ton être qui ne s'habituera jamais à cet envahissement de la paix au moment même où tu en auras l'âme traversée.

C'est par cette sorte de toucher que tu accèdes au sanctuaire de l'être.

L'essentiel ne peut que suinter de l'intérieur.

Te voilà source !

Ce n'est pas la compréhension qui te donne de franchir le seuil du sacré, mais la surprise d'une expérience qui, du dedans, vient ordonner ta demeure.

C'est le propre de la Sagesse de travailler sans laisser voir son visage.

Elle est si respectueuse de ton mystère qu'il est impossible de lui opposer la moindre résistance.

Tu viens de vivre une qualité de guérison qui, de surcroît, se présente avec toutes les couleurs de la vérité.

Table des matières

AGMV
MARQUIS
Québec, Canada
1999